DOMAINE FRANÇAIS

PRINCE D'ORCHESTRE

DU MÊME AUTEUR

MON CHER JEAN... DE LA CIGALE À LA FRACTURE SOCIALE, essai, Zoé, 1997.
LE MYSTÈRE MACHIAVEL, essai, Zoé, 1999.
NIETZSCHE OU L'INSAISISSABLE CONSOLATION, essai, Zoé, 2000.
LA CHAMBRE DE VINCENT, récit, Zoé, 2002.
VICTORIA-HALL, roman (prix du Premier Roman de Sablet 2004), Pauvert, 2004 ; Babel n° 726.
DERNIÈRE LETTRE À THÉO, roman, Actes Sud, 2005.
L'IMPRÉVISIBLE, roman (prix des Auditeurs de la Radio suisse romande 2007 ; prix des Lecteurs FNAC Côte d'Azur 2006), Actes Sud, 2006 ; Babel n° 910.
LA PENSION MARGUERITE, roman (prix Lipp 2006), Actes Sud, 2006 ; Babel n° 823.
LA FILLE DES LOUGANIS, roman (prix Version Femina Virgin Megastore 2007 ; prix Ronsard des lycéens et prix de l'Office central des bibliothèques 2008), Actes Sud, 2007 ; Babel n° 967.
LOIN DES BRAS, roman, Actes Sud, 2009 ; Babel n° 1068.
LE TURQUETTO, roman (prix Jean Giono, prix Page des Libraires, prix Alberto Benveniste, prix Casanova, prix Culture et Bibliothèques pour tous), Actes Sud/Leméac, 2011.

© ACTES SUD, 2012
ISBN 978-2-330-01256-4

© LEMÉAC ÉDITEUR, 2012
pour la publication en langue française au Canada
ISBN 978-2-7609-0835-2

METIN ARDITI

Prince d'orchestre

roman

ACTES SUD / LEMÉAC

à Antoine

La vida es polvo y el destino viento.

La vie est poussière et le destin vent.

Francisco Tamayo

PROLOGUE

Le dimanche 15 août 1998, aux alentours de midi, un homme se défenestra du cinquième étage d'un immeuble situé place du Cirque, à Genève.

Dans la cuisine de l'appartement qu'il habitait, les policiers trouvèrent le corps de deux femmes. L'une, au teint mat, gisait sur le dos, le bas du visage rouge de sang, la bouche ouverte dans une grimace étrange.

L'autre était une blonde de forte stature. Elle aussi avait la bouche ouverte. Sur son chemisier maculé de rouge, les policiers trouvèrent un morceau de chair qui avait la forme d'un petit losange.

PREMIÈRE PARTIE

Avril 1997

1

23 avril

Ce serait un triomphe.
Alexis Kandilis le savait.
Il dominait tout. Les instruments. La musique. Ce que les gens allaient ressentir, penser… Tout.
Dans la salle bondée, mille huit cents personnes retenaient leur souffle, impatientes, déjà, de pouvoir dire plus tard : "C'était un concert inouï."
Tout était en place. Au millimètre.
L'attaque se ferait avec les bois et les cuivres. Bassons, cors, trombones… Alexis Kandilis balaya leurs pupitres du regard. Les musiciens étaient figés, dans l'attente, les yeux rivés sur lui, prêts à bondir. Impatients de le suivre. Dans dix ans, dans quinze ans, ils raconteraient encore, avec dans la voix un tremblement : "Tu te souviens du concert avec Kandilis ? On avait commencé avec l'ouverture de *La force du destin*. C'était gé-nial !"
Il lança un coup d'œil aux autres pupitres : premiers et seconds violons sur sa gauche. Un peu plus haut, les harpes. Au centre, flûtes-clarinettes-hautbois. Sur trois gradins : timbales, percussions, tuba. À droite, les cordes graves : altos, violoncelles, contrebasses…
Il laissa passer quelques secondes. Puis quelques-unes encore. Histoire d'exacerber l'impatience des

spectateurs. De rendre leur émotion plus intense. Leur plaisir plus aigu.

Enfin il tendit les deux bras vers l'avant, attendit un instant encore, et d'un geste court abaissa la main droite. Sa baguette fendit l'air, se figea, remonta lentement, et les vents attaquèrent :

Mi mi mi

Ils devaient reprendre la note après un temps d'arrêt pour lequel la partition indiquait *fermata*. Par ce mot, le compositeur donnait au chef d'orchestre la liberté de fixer la durée de la pause. Alexis laissait toujours passer un temps long. Étiré. Audacieux, comparé à celui pratiqué par les autres grands chefs.

Il respira profondément, puis expira en comptant jusqu'à cinq, lentement.

Une éternité.

Le concert démarrait à la perfection.

Les vents reprirent la mélodie du premier thème :

La si do mi
La si do mi
La si do mi fa fa

Il n'avait joué que trois mesures et déjà l'angoisse était partout. *La force du destin* imposait sa marque : la terreur.

Le public attendait la suite. Il l'exigeait. Il mourait d'envie de l'entendre. Kandilis le sentait, qui lui disait : "Je suis à toi ! Prends-moi ! Emmène-moi dans ton monde. Celui du succès éclatant, de la gloire et de la grande musique. Un monde où je pourrai m'admirer. Me consoler. Un monde où, le temps d'un concert, la vie me paraîtra plus belle. Un monde où je me sentirai plus digne."

Montée de deux octaves, en *forte* :

Mi fa sol si fa fa

Troisième thème. Violons *pianissimi*. Sons filés. Impeccables.

Tout l'orchestre. Cordes, vents, harpes, percussions… *Andante.*

Le public accueillait les airs de *La force du destin* avec gratitude. Il en guettait chaque note, comme un enfant guette la fin d'une histoire entendue cent fois, sachant par avance que la chute sera celle de la fois précédente, qu'il en sortira apaisé, rassuré, et qu'alors son bonheur sera complet.

L'émotion que ressentait Kandilis était d'une autre nature. Une émotion feinte, qu'il avait appris à mimer avec talent.

Et comment aurait-il pu en être autrement ? Mêmes pièces jouées et rejouées. Mêmes grandes salles. Mêmes solistes. Grand répertoire repris, répété, resservi. *Boléro* de Ravel… *Cinquième concerto pour piano* de Beethoven… Adagietto de la *Cinquième* de Mahler… Tous ces morceaux l'avaient bouleversé. Remué. Ému aux larmes. Mais c'était il y a si longtemps…

Il n'en pouvait plus, de l'adagietto, du *Boléro* et du reste.

Mais il y avait la gloire, l'argent, la facilité extrême. Alors il poursuivait.

Manque d'ensemble sur l'attaque des premiers violons.

Un regard, presque rien, et les voilà unis.
Presto très dramatique.
Flûtes, clarinettes, hautbois.
Moyen. Sauf la flûte.
Exceptionnelle…
Un Russe, paraît-il. Il l'avait remarqué dès la première répétition. Un regard d'une acuité impressionnante. Et ce son… La voix d'un ange.
Allegro brillante, tout l'orchestre.
Bien.

Le morceau avait beau ne durer que sept minutes, il se conclurait par un triomphe.
De toute façon, c'était toujours un triomphe. Quoi que fassent l'orchestre ou le soliste. La semaine précédente, il avait dirigé le London Symphony au Barbican, à Londres. En fin de première partie, la Dettoni avait chanté *Bérénice* de Haydn. Une voix vieillie, fatiguée, tendue… Des aigus horribles ! Il avait rattrapé les failles de la soprano en finesse. La fluidité et la beauté qui manquaient à sa voix, il les avait mimées. Par le geste, le sourire, aussi. Grâce à cet air d'émerveillement qu'il savait si bien feindre et qui disait à la salle : "Cette voix est une rareté, croyez-moi !"
Le concert s'était terminé par une ovation debout. Le surlendemain, Jack Masri, le critique musical du *Financial Times*, avait conclu sa chronique par ces mots : "De tous les chefs qui sillonnent les grandes salles symphoniques, Alexis Kandilis nous apparaît comme le seul à être à la fois si précis et si lyrique, si élégant, aussi, le seul qui soit capable d'interpréter de façon aussi personnelle les monuments du grand répertoire."
L'attaque du hautbois solo désempara Alexis. D'un coup il se trouva plongé dans le souvenir d'un autre

concert. Celui qu'il avait donné trois semaines plus tôt à New York, au Lincoln Center.

Il se sentit faiblir. Il fallait qu'il se reprenne. Dans l'instant.

Violons, *pianissimi*…

Mais ce fut sans succès. Il continuait de diriger *La force du destin*, mais sa pensée était ailleurs. Au concert de New York :

Do ré sol la
Si do fa

C'était l'attaque du hautbois, au début du premier chant. Des notes déchirantes qui depuis trois semaines revenaient en ritournelle et le hantaient :

Do ré sol la
Si do fa

Il aurait dû dire à Ted : "*Les chants des enfants morts*[1] ne font pas partie de mon répertoire, point final !" Voilà ce qu'il aurait dû dire.

Attaque des cuivres.

Mais la vanité l'avait emporté…
"Fischer-Dieskau !", lui avait lancé Ted. "Tu te rends compte ? Les *Kindertotenlieder*, toi, le New York Philharmonic, et Fischer-Dieskau ! Vous récrirez l'histoire de la musique, mon Alexis !"

---

1. Les *Kindertotenlieder*, de Mahler.

Il fallait quitter ce souvenir très vite ! À l'instant même !

Il décida de repenser au concert du Barbican. La Dettoni et ses décolletés… On aurait dit qu'elle ne pouvait pas chanter une note sans montrer la moitié de sa poitrine… Une fin de carrière pathétique. Il avait passé un sacré savon à Sonia. La prochaine fois, il le dirait lui-même aux responsables du Barbican. S'ils voulaient casser les oreilles de leur public, ils pouvaient prendre la Dettoni autant qu'ils le voulaient ! Mais sans lui !

Enfin… Tout cela n'avait aucune importance. Sa grande affaire, maintenant, c'était le Beethoven 16. Le coffret du siècle… La gloire absolue. Sans partage.

Violons, *pianissimi*. Flûte solo…

Sublime… Cette présence…

À nouveau le concert de New York lui revint à l'esprit. Fischer-Dieskau avait rendu les *Chants* avec une humanité infinie :

Die Sonne, sie scheinet allgemein

Le soleil luit pour tout le monde

Des mots auxquels Alexis ne voulait plus penser. Des mots que sa mère avait répétés durant des années. *O ilios lambi ya ollous.* Le soleil luit pour tout le monde. Puis elle ajoutait dans un soupir : *Ala ohi ya mas…* Mais pas pour nous…

Le souvenir de son premier *Chant des enfants morts* lui revint en mémoire. C'était au début de ses années de conservatoire. Quel âge devait-il avoir ? Vingt ans, vingt et un au plus. Son professeur de composition lui avait donné une place pour un concert "tout Mahler" au Victoria Hall. En première partie, l'Orchestre de la Suisse romande donnait *Les chants des enfants morts*, interprétés par Hermann Prey.

La beauté des cinq chants l'avait bouleversé. À l'entracte, il avait trouvé leur traduction dans le programme. Le premier poème commençait ainsi :

> *Maintenant le soleil va se lever dans sa clarté*
> *Comme si nul malheur la nuit n'était arrivé*
> *Le malheur n'est arrivé que pour moi seul*
> *Le soleil luit pour tout le monde*

C'étaient les mots mêmes de sa mère : *Le soleil luit pour tout le monde.*

Il avait quitté le Victoria Hall en larmes.

Enfin… Tout cela, c'était le passé.

Malgré tout, il n'aurait pas dû diriger les *Kindertotenlieder*. Ni avec Fischer-Dieskau, ni avec personne.

Ce qui lui importait, maintenant, c'était d'obtenir le B16. Et il l'aurait ! Bien sûr qu'il l'aurait !

Il lança les cuivres. Grand *crescendo* rutilant. Reprise des violons *pianissimi*.

Rien à dire.

Il conclut le finale en majesté : coup de baguette vers le haut sur le *mi* majeur, suivi d'une immobilité totale.

La salle explosa. À peine sept minutes de musique et le public hurlait son enthousiasme comme s'il avait dirigé toute une symphonie.

Il abaissa le bras d'un mouvement lent et resta les yeux au sol durant plusieurs secondes avant de se tourner vers la salle.

Les hourras redoublèrent.

Ils auraient été identiques s'il avait dirigé un orchestre amateur. Le héros de la salle, c'était lui.

Maintenant, il se sentait en paix.

Il inclina la tête avec humilité, se redressa et serra la main du premier violon solo pendant qu'il le complimentait de façon marquée. Pour que la salle sente bien que ce qui s'était passé était hors norme. Qu'elle venait de vivre un événement extraordinaire…

Enfin il fit un large geste du bras droit, baguette serrée contre la paume, pour inviter l'orchestre à se lever.

Gestes. Mimiques. Hourras.

La routine.

Il se tourna à nouveau vers le public et le remercia par de petits gestes de la tête, d'abord sur sa gauche puis le long des loges, après quoi il balaya le fond de la salle, là où les places étaient les moins chères, retrouva les loges sur sa droite, et termina son parcours de courtoisie en s'arrêtant sur la loge présidentielle.

Ils étaient tous là. Charlotte, Pierre, sa mère, Rose Neri, Ted, Sonia, Giulia, la photographe… Et Donald, aussi, le biographe, caché en troisième rang de loge.

Il chercha le regard de sa mère. Elle avait déjà les yeux sur lui et hochait la tête en souriant. Elle semblait apaisée, elle aussi.

Il lui sourit en retour, déplaça son regard vers Charlotte, et d'un coup se sentit chavirer. Là, au premier rang de la loge adjacente, est-ce que ce n'était pas Lenny ? Mais bien sûr ! C'était Lenny ! Lenny Sarnoff ! Son aîné à l'institut Alderson !

Qu'est-ce qu'il faisait là ?

Au même instant, il vit Charlotte se tourner vers Lenny et lui glisser quelques mots à l'oreille par-dessus la petite paroi rouge qui séparait les deux loges. Lenny l'écouta attentivement, puis sourit, acquiesça d'un mouvement de tête, et Charlotte sourit à son tour.

Qu'est-ce que Lenny fichait là ?

Il descendit brusquement du podium, quitta le plateau et tomba sur Aldo Neri qui attendait en coulisse, violon à la main.

— Ça a bien marché, bravo, lui lança Neri.

— Correct, sans plus ! lança Alexis, le visage fermé.

Un benêt, cet Aldo Neri.

Il entra dans sa loge en trombe. Que cherchait Lenny au Victoria Hall ? Il imagina la scène. Lenny qui téléphone à la maison, tombe sur Charlotte, et cette dinde s'empresse de l'inviter en minaudant : "Vous ne *pouvez* pas savoir quel plaisir il aura de revoir un ancien de l'Institut. Si si, je vous assure ! Et son biographe qui est aussi à Genève ! Ce serait for-mi-daaable que vous lui racontiez quelques anecdotes sur Alexis, lorsqu'il était en internat ! Vous savez que lui n'aime pas en parler ? Vous êtes aussi comme ça ?"

Il avait épousé une crétine.

Dans l'immédiat, son problème, c'était Lenny... Il ne fallait pas qu'il parle.

Il dirait à l'un des garçons de scène de le faire venir dans sa loge pendant l'entracte.

Qu'est-ce qu'elle avait bien pu raconter à Lenny pour se rendre intéressante ? La veille, elle avait ouvert ses cartons à Donald. Elle les appelait ses "archives". Le plus volumineux contenait des coupures de journaux ou de magazines. Dans les trois autres, elle rangeait les photos de famille, les tirages des agences de presse, et les photos officielles d'Alexis.

Il la revit en train de donner ses explications à ce brave Donald, avant de lui lancer, comme une sotte : "J'imagine que vous trouverez de quoi vous inspirer, dans tout ça !" On aurait dit une châtelaine qui parle à son palefrenier.

Sur le plateau, les garçons de scène avaient décalé les rangs des premiers violons.

L'intendant se tourna vers Alexis :

— Vous pouvez y aller.

Alexis fit signe à Aldo Neri de passer devant lui et ils se dirigèrent vers l'avant-scène en se faufilant entre les premiers et les seconds violons. Les musiciens se levèrent et à nouveau la salle applaudit.

Alexis bondit sur le podium, prit position, bras tendus, et leva le regard au plus haut des gradins. Le timbalier avait les yeux fixés sur lui. C'était un remplaçant que l'orchestre avait fait venir de Vienne. En première répétition, il avait émis un son à la viennoise, très sourd. "Pensez à ceux qui sont au fond de la salle !", lui avait lancé Alexis depuis le podium. Mais rien n'y avait fait. Au début de la prégénérale, il s'était rendu à ses côtés et lui avait pris ses baguettes des mains avant de les soupeser :

— Vous n'en avez pas d'autres de même taille ? À tête plus lourde ?

— Non…

— Essayez celles-ci, avait demandé Alexis en choisissant sur le râtelier du timbalier une paire à tête de flanelle, plus petite.

L'autre s'était exécuté, puis avait murmuré d'un air hésitant :

— Le son est un peu dur, il me semble…

— À vous oui, avait rétorqué Alexis d'une voix blanche. À moi qui suis à dix mètres de vous, non, Et au public qui se trouve à vingt-cinq mètres, encore moins.

Maintenant, il fallait le rassurer. Alexis le regarda, hocha la tête et d'un petit geste sec donna le départ. Le musicien attaqua.

Cinq coups en *ré*.
Il s'en sortait bien.
Enchaînement. Bois, bassons, clarinettes, hautbois.
Parfait.
Mais Alexis avait l'esprit ailleurs.
Tantôt à l'institut Alderson, où on l'avait placé sans crier gare, l'année de ses onze ans, tantôt aux *Chants des enfants morts* et à la douleur qu'ils ravivaient.

2

23 avril

Clio parcourut la salle du regard et secoua lentement la tête. Elle n'arrivait pas à s'y faire. L'immense Victoria Hall était bondé. Jusqu'au dernier strapontin. Comme toutes les salles où son fils dirigeait. Et cela durait depuis vingt ans…

Il était au sommet, son fils. Au sommet des sommets… La semaine précédente, c'était Londres et Berlin. La semaine suivante ce serait Madrid. Et maintenant on allait faire un livre sur lui… Un livre !

Elle avait eu raison de le mettre à l'institut Alderson. Une des meilleures écoles du monde… Qui avait fait de lui un homme distingué… Raffiné… Un prince ! Autre chose que s'il était resté à Athènes !

Elle soupira et se laissa entraîner par la douceur du larghetto.

Cet Aldo Neri et ses mimiques… Tout ce qu'il voulait, c'était tirer la couverture à lui… Mais le public savait faire la part des choses ! Un besogneux qui se prenait pour un artiste, voilà ce qu'il était, Neri…

Tandis que son fils… Il avait tout. La grâce du geste, la beauté des traits, l'autorité absolue, tout ! Et l'allure ! Surtout l'allure ! L'élégance !

Elle scruta son frac. Un tombé de rêve. Il venait de chez Rey-Mermier, le tailleur des banquiers privés.

Cinq essayages, mais quel résultat ! On aurait dit qu'il avait été cousu sur lui.

Il était élégant en tout, son fils ! Même pour ses baguettes ! Il les faisait fabriquer sur mesure par un timbalier du New York Philharmonic. Courtes, fines… De petits bijoux !

Elle pensa à ses concurrents. De quoi rire… Avec leurs pantalons en tire-bouchon et leurs baguettes qui n'en finissaient pas… La vérité, c'était qu'aucun chef ne pouvait se mesurer à son fils.

Elle le regarda diriger. Il n'était pas beau. Il était splendide.

Au moment où il donna le départ du dernier mouvement, elle tressaillit. Il avait levé le talon droit de deux ou trois centimètres avant de faire pivoter son pied vers l'extérieur sur la pointe des orteils, comme le ferait un danseur.

C'était le signe d'une angoisse. Qu'est-ce qui pouvait tant le préoccuper, d'un coup ?

Elle se souvint.

C'était à l'époque de Spetses. Quel âge avait-il ? Sept ans ? Huit ? Ils arrivaient tous les trois à la crique d'Ayos Nikolaos. Un muret séparait la plage de la rue, et Alexis avait voulu sauter du muret sur la plage, comme le faisaient les grands, et s'était tordu le pied. Lorsque quelques jours plus tard la douleur s'était estompée, Clio lui avait appris le petit geste : "Lève le talon… Fais-le pivoter vers la droite… et maintenant vers la gauche… Tu vois que tu n'as plus mal !" L'habitude était restée. Chaque fois qu'Alexis était pris par l'angoisse, il faisait pivoter son pied droit.

L'enfance d'Alexis défila en un éclair. Constantinople. Athènes. Et puis la Suisse. L'institut Alderson.

Il aurait fallu qu'ils ne quittent jamais Constantinople. Mais il y avait eu septembre 1955, ses manifestations et ses saccages… L'exil à Athènes. Des années de travail acharné pour se mettre à flot. Et le sort qui la frappait à nouveau. Un coup dur après l'autre. Les années passaient et l'effondrement se poursuivait. Sa vie se défaisait, pan après pan. L'accident, d'abord. Puis un mari qui s'était perdu, et Alexis qu'il avait fallu protéger. Envoyer loin, aussi loin que possible… D'un coup, plus personne à la maison. La boutique à reprendre, seule, dans l'affolement et la honte. Des journées de douze, quinze heures. Des années à trimer, courir, contrôler, marchander…

Et puis le miracle. Mère d'un chef d'orchestre qui faisait une carrière comme dans les films… *Traviata* à Covent Garden avec Domingo et la Stratas… *Requiem* de Verdi à Vienne, à Londres, à Berlin… Orchestres symphoniques, maisons d'opéra, grands festivals d'été… Tous s'arrachaient son fils ! Tous ! La Scala, Carnegie Hall, le Musikverein de Vienne… La gloire immense transformée en un quotidien banal.

Et lui qui aurait voulu faire compositeur ! Heureusement qu'elle avait été là.

C'est vrai qu'il était doué pour la composition… À dix, douze ans, il suffisait qu'il se mette au piano pour que la musique jaillisse de ses doigts.

Mais composer, c'était un métier difficile. Triste. Mal payé. Un métier de solitude. Alexis était fragile. Il avait besoin de gaieté. De lumière. Pas d'être enfoncé dans sa mélancolie… Et puis il était si beau ! Si doué ! Il était fait pour la gloire, son fils ! Et la preuve qu'elle avait eu raison d'insister, elle l'avait là ! Sous les yeux !

Elle soupira. Pourvu que le repas se passe bien… Le problème, c'était qu'elle ne pouvait jamais être tranquille. À la plus petite contrariété, il basculait dans la colère !

Cela dit, quand il le voulait, il pouvait charmer un cobra ! Et même toute une famille de cobras !

Elle soupira à nouveau et leva les yeux jusqu'au deuxième balcon. Son regard tomba sur Pavlina et Tatiana, assises au premier rang. Ces deux cochonnes… Sûrement qu'elles se tenaient par la main… Peut-être même qu'elles se caressaient…

Et cette façon qu'elles avaient de tourner autour d'Alexis… Avec une sorte de familiarité vulgaire… La réalité, c'est que Tatiana était une ratée et Pavlina une bonniche.

Mais une bonniche qui la tenait… Qui savait ce qui s'était passé à Spetses, un jour de juillet 1959… Qui était capable d'aller raconter l'histoire au monde entier ! À la presse, à ses collègues de travail, à qui voulait l'entendre. À commencer par son amante ! Sûrement qu'elle lui avait tout raconté ! Au lit, on dit tout et n'importe quoi. Elle avait dû tout déballer, rien que pour faire l'intéressante…

Elle savait tout, Pavlina.

Au même instant, Clio sentit le regard dur de Tatiana croiser le sien.

Elle le soutint durant quelques secondes puis détourna les yeux.

3

23 avril

Tatiana éprouva une joie féroce à voir Clio battre en retraite.

Une hyène, cette Clio. Une sale hyène et rien d'autre. Et cette façon qu'elle avait de parler à Pavlina, par phrases hachées, lancées avec mépris, sans la regarder…

Elle serra la main de Pavlina.

C'était un bloc de granit, Pavlina. Avec un corps à son image. Beau et massif. Dense. Sans triche.

Elles s'étaient connues chez Livia, la grand-mère de Charlotte, un jour où Pavlina était venue livrer une robe. À l'époque, Tatiana était mariée à Armand, le père de Charlotte, et menait une carrière de chanteuse lyrique. Pavlina tenait une boutique de couture boulevard Carl-Vogt, un quartier populaire, et partageait un appartement de la place du Cirque avec son associée grecque, Chryssoula.

Les deux femmes ne s'étaient croisées que dix ans plus tard, un jour de septembre, chez Remor, le glacier de la place du Cirque. Elles avaient toutes deux changé de vie. Tatiana avait cassé sa voix et enseignait le chant au conservatoire. Elle s'était séparée d'Armand. Pavlina avait fermé la boutique du boulevard Carl-Vogt et travaillait comme costumière au Grand Théâtre, l'opéra de la ville. Chryssoula était morte.

Deux jours plus tard, elles étaient allées au cinéma voir un Woody Allen, *Meurtre mystérieux à Manhattan*. Je n'ai pas ri comme ça depuis des années, avait dit Pavlina en quittant Tatiana.

Elles prirent goût à se retrouver. Elles étaient toutes deux étrangères à Genève, déçues de la vie. Seules, aussi. Leur amitié se transforma en affection.

Tatiana, qui n'avait pas connu d'homme depuis un an, se sentait attirée par cette femme forte, au corps fait d'un bloc. Elle se dit aussi que se caresser à deux ne devait pas être moins agréable que de le faire seule.

Alors un soir qu'elles avaient été dîner au Dorian, Tatiana lança : "Tu veux dormir chez moi ? – Je veux", répondit Pavlina. Ainsi elles devinrent amantes comme elles étaient devenues amies, de façon franche et pleine.

4

23 avril

Au premier rappel, Alexis harponna un des garçons de scène dans les coulisses et lui montra Lenny du doigt :

— Le monsieur brun, celui qui est assis à côté de ma femme. Vous me l'amenez.

Ils eurent droit à quatre rappels, après quoi Neri se décida à faire un bis. Il expédia un *Capriccio* de Paganini sans desserrer les dents, salua à peine et ne retourna pas sur scène. Alexis courut à sa loge, s'assit à la petite coiffeuse et ferma les yeux.

La ritournelle du hautbois revint :

Do ré sol la
Si do fa

Mais *Les chants des enfants morts*, c'était le passé ! L'institut Alderson, c'était le passé !

Il avait acquis une célébrité mondiale. Il aurait le B16. Il serait le plus grand de tous.

Rien ne devait lui faire peur.

Mais il avait beau essayer de se raisonner, il était dans le désarroi.

On frappa à sa porte. Il se leva et attendit debout quelques instants, tendu tout entier, puis ouvrit.

— Alexis !

Il serra Lenny fort dans ses bras, puis l'éloigna de lui, les mains sur ses épaules :
— Je voulais te voir…
— Moi aussi… Quelle carrière !
Alexis hocha la tête, hésita :
— On t'a présenté ma femme ? Ma mère ?
— Tout le monde, répondit Lenny. Ton fils, aussi.
— Et Donald ? On t'a présenté Donald ?
— Ton biographe ? Bien sûr, fit Lenny. Il t'admire, lui aussi !
Il rit :
— Le monde entier t'admire !
Alexis le regarda intensément :
— Tu ne diras rien, n'est-ce pas ?
Lenny secoua lentement la tête :
— Rien.
Il laissa passer un silence :
— Ne t'en fais pas.

5

23 avril

Charlotte resta assise durant toute la pause, les yeux plongés dans le programme du concert. C'était son stratagème. Elle devait se protéger de ceux qui l'inondaient de compliments sur Alexis pour ensuite prendre congé sur une méchanceté, du genre "Ça ne doit pas être simple tous les jours…" ou "Courage, ma Charlotte".

Il y avait encore le dîner… Il ferait le coq, évidemment. Cette façon qu'il avait de parler avec les mains… Elles étaient magnifiques et il le savait, bien sûr. Alors il présentait l'article comme au souk : Admirez la finesse des doigts, mesdames messieurs… Appréciez l'élégance du geste…

Un saltimbanque en train de faire son numéro.

Ils formaient un couple mal assorti, elle en était consciente. Alexis était d'une beauté parfaite. "Vous ne trouvez pas qu'il ressemble à Alain Delon ?" Tandis qu'elle… Une ossature large et basse, des cheveux drus très bouclés, comme ceux des femmes qui venaient en Suisse faire des ménages, et un cou de paysanne.

Alors elle faisait l'aristocrate, laissait tomber les mots du bout des lèvres et parlait vite, histoire de rappeler qui elle était. "Dans le camp des dames par le son et dans celui des bonniches par l'image", lui avait lancé Alexis un soir de dispute.

Elle soupira. Elle en avait assez, du Moussorgski. Combien de fois l'avait-elle écouté ? Vingt ? Trente ?
Lenny prit place et se pencha vers elle :
— Ce sera un triomphe.
Elle ne répondit pas.
Elle n'en pouvait plus, de ces triomphes.

6

23 avril

Ils en étaient à "La Grande Porte de Kiev".

Le dernier mouvement des *Tableaux d'une exposition* emplissait le Victoria Hall de ses sons glorieux. Cordes, cuivres, bois, percussions…

Tempo lent, très puissant. Dernières notes.

La salle explosa.

Le concert avait tenu ses promesses. Il y eut douze rappels.

Après les applaudissements, les gens commencèrent à se lever. Ils le faisaient lentement, comme lorsqu'on quitte un lieu avec grand regret. Leurs regards cherchaient ceux de leurs voisins : C'était formidable, n'est-ce pas ? Oui, formidable ! Inoubliable !

Pavlina avait le cœur battant. Dans quelques instants, elle serait une fois encore à l'affût d'une chevelure. D'une corpulence. D'une trace. Dans l'attente folle de tressaillir… Dans la terreur, aussi, de se dire : la voilà !

"C'est une petite fille", lui avait chuchoté l'infirmière à l'hôpital Évangelismos, à Athènes, où elle avait accouché. Elle avait ajouté : "Même ça, je n'ai pas le droit de vous le dire."

Elle avait entendu dire qu'une famille suisse l'avait adoptée. Alors elle avait quitté Athènes pour Genève.

Trente-neuf ans dans cinq jours.

Pavlina vivrait son anniversaire minute par minute. Comme elle avait vécu les trente-huit anniversaires précédents.

Que fais-tu, mon enfant adorée ? Où es-tu ? Qui embrasses-tu ? Qui te prend dans ses bras ? Maintenant que tu as soufflé tes bougies, qui te dit je t'aime ? Andriana bébé. Andriana enfant. Adolescente. Andriana jeune fille, qui danse un slow. Andriana jeune femme qui dîne avec un amoureux…

Elle lui avait imaginé toutes les vies.

— Viens.

Tatiana la prit par le bras.

Devait-elle poursuivre la galerie jusqu'au bout ? Rebrousser chemin et rejoindre les loges par l'escalier de service ? À chaque sortie, la même hantise. Valait-il mieux passer par ici ? Par là ? Sachant que de ce choix, de ce simple choix, pouvait dépendre le reste de sa vie. Lorsqu'elle se rendait dans les Rues-Basses, devait-elle prendre Bovy-Lysberg, boulevard du Théâtre, puis la rue du Grütli et enfin Confédération ? Ou devait-elle plutôt passer par Georges-Favon jusqu'à la rue du Stand ?

Elle la reconnaîtrait au premier coup d'œil, et même de loin, elle en était certaine. À sa carrure. À ses cheveux. À sa façon de marcher. À tout. Trente-neuf ans dans cinq jours, quelques cheveux gris, et une poitrine pleine et ronde, comme la sienne.

Cela ne tenait à rien, le bonheur. À trois fois rien. À passer par une rue plutôt que par une autre.

En attendant, elle n'avait rien de ferme dans sa vie. Ni deuil, ni fille.

Devant la loge d'Alexis, une vingtaine de personnes attendaient d'être reçues. Elles firent de même.

L'un des garçons de scène les reconnut et leur fit signe d'entrer.

Alexis était en bras de chemise en compagnie de sa mère et de Charlotte.

Tout le monde s'embrassa, mais ce fut sans effusion.

— Pierre est déjà parti au restaurant, dit Charlotte. Il y aura Aldo, sa femme, Donald, Giulia…

— Beaucoup de monde ! coupa Clio.

— Vous nous excuserez, fit Tatiana. Nous avons pris froid, toutes les deux.

— Alors allez vous soigner ! reprit Clio. Et pas d'embrassades, s'il vous plaît ! Personne n'a besoin de microbes !

7

23 avril

Lenny ne dirait rien. Alexis en était certain. Entre internes, personne n'avait jamais trahi. Il y avait des bagarres, des mots cruels. Mais une trahison, jamais.

À table, l'atmosphère était agréable. Alexis parlait avec Lenny et sa mère, Giulia prenait des photos, et Aldo Neri chuchotait à l'oreille de Rose, sa femme, que son stradivarius faisait à nouveau un bruit étrange lorsqu'il jouait le *do* sur la corde de *sol*. Charlotte racontait à Donald des banalités sur Alexis, et Sonia discutait à voix basse avec Ted. Dès que le B16 serait proposé à Alexis, il leur faudrait bouger deux tournées et plusieurs concerts sur les trois saisons à venir.

Seul Pierre était silencieux. Il avait appris à s'ennuyer. Ces repas, il les connaissait depuis toujours. Mais ils lui étaient étrangers.

Son rapport à ses parents suivait une règle que M. Fleury, son professeur d'économie, avait un jour résumée de manière parfaite. Alors qu'il expliquait à sa classe comment se calculait l'inflation, l'un des camarades de Pierre avait voulu faire l'intéressant : "Et le prix des Rolls, monsieur, il n'est pas pris en compte ?" La classe s'était esclaffée. Le professeur avait répondu sans se démonter : "Disons que ce n'est pas l'élément prépondérant de l'équation." À nouveau tout le monde avait ri, et Pierre avait retenu l'expression comme la définition parfaite de son rapport à sa famille. Il n'était pas "l'élément prépondérant de l'équation". Cette réalité présentait un avantage important : on lui fichait la paix.

Soudain, le garçon qui servait le vin arrêta son geste. Plusieurs clients levèrent les yeux en direction de la porte. Donald et Sonia se turent d'un coup et se tournèrent vers l'entrée. Alexis fit de même et comprit. La cause de toutes ces émotions, c'était l'arrivée au restaurant de Jeffrey Paternoster, le célèbre homme d'affaires. Un homme l'accompagnait, beaucoup plus jeune et très beau.

Alexis connaissait Paternoster de nom. Blé, maïs, huiles végétales, agrumes, phosphates, il contrôlait des pans entiers du commerce mondial.

Alexis l'observa. Un charme de vieux riche. Cheveux blancs très fournis, visage bronzé couvert de rides, et regard bienveillant duquel perçaient des éclats de dureté. Costume anthracite ajusté à la perfection sur un corps sec, et cravate de soie noire nouée sur une chemise blanc cassé.

La grande élégance.

Alexis porta ensuite son regard sur le jeune homme qui accompagnait Paternoster. C'était Sacha ! Le flûtiste russe de l'orchestre ! Que faisait ce garçon avec le milliardaire ?

Il n'eut pas le temps de chercher réponse à cette question car au même instant Paternoster se dirigea vers lui en souriant :

— J'étais au concert. C'était sublime. Je m'appelle Jeffrey Paternoster. Vous connaissez Sacha, bien sûr…

Alexis se leva d'un bond :
— Très heureux…

Alexis eut un geste hésitant en direction de la table :
— Ma famille, mon agent…
— Enchanté, enchanté, fit Paternoster. Nous vous laissons dîner.
Il se tourna vers Alexis :
— J'espère avoir le grand honneur de vous revoir bientôt.
— Ce sera réciproque, dit Alexis.
— Bonsoir, maestro, à demain, lança le flûtiste.
— Absolument, dit Alexis, absolument.
Il se rassit, soudain d'excellente humeur, et se mit à fredonner le thème principal de *La force du destin* :

> *La si do mi*
> *La si do mi*
> *La si do mi*
> *Fa fa…*

Il écouta d'une oreille distraite Donald dire à Charlotte :
— Je veux présenter votre mari sous un jour humain, vous voyez ? Pas en superman ! Les gens aiment que les grands de ce monde soient affligés des mêmes faiblesses qu'eux.
Qu'est-ce qu'il en savait, Donald, de ce que les gens aimaient ou n'aimaient pas ? De toute façon, l'important, ce n'était pas le texte. C'étaient les photos.
Ce Donald n'était qu'un crétin.
Rose Neri tenait à lui raconter le problème qu'avait Aldo avec son stradivarius. Alexis hochait la tête et lui souriait machinalement. Il n'en avait rien à faire, du stradivarius de Neri.

Il laissa Rose poursuivre son bavardage et repensa au B16.

Les neuf symphonies de Beethoven. Plus ses cinq concertos pour piano. Plus le concerto pour violon. Plus le triple concerto pour violon, violoncelle et piano. Seize pièces. Dix CD qui seraient enregistrés avec les Berliner Philharmoniker.

À réception du mandat, il lui faudrait choisir les solistes. Wassermann, le patron de la WMC[1], avait mentionné le nom d'Argerich. C'était une grande pianiste, d'accord. Mais pas question qu'un seul pianiste joue les cinq concertos ! La vedette, ce serait lui et lui seul ! Son argumentation serait imparable : chacun des cinq concertos a sa spécificité… Le premier est tout en nuances. Le deuxième est plus enlevé. C'est autre chose ! Et le cinquième ? Du brio de bout en bout ! Il suggérerait cinq noms. Argerich pourrait enregistrer le troisième, par exemple, et jouer à nouveau dans le triple, avec Repin et Maisky. Mais pas plus. Le coffret devait porter sa marque à lui !

"L'objectif est de vendre cent mille coffrets", avait dit Wassermann. Un million de disques. Il avait ajouté : "Une campagne à la Coca-Cola !"

Pour Alexis, le B16 (comme ils l'appelaient à la WMC) ce ne serait pas l'aventure musicale, loin de là. Il avait dirigé vingt fois ou plus chacun des seize morceaux… Certains même trente… Il les avait enregistrés tous, avec les meilleurs orchestres et les plus grands solistes, sous les marques de disque les plus prestigieuses. Mais l'intégrale de Beethoven dans ces conditions, ce serait un événement historique…

---

1. World Music Corporation.

Cela dit, il n'avait pas l'assurance d'être choisi. La WMC pouvait confier le projet à ce gros lard de Federico Akrashoff... Il avait sa chance, Akrashoff... Racoleur mais efficace. Un style qui ratissait large. Du genre j'en fais des tonnes et le public en redemande...

Maintenant, il était dans l'angoisse. Pourquoi Wassermann n'avait-il pas voulu dîner avec eux ? Il était arrivé de New York le matin même. "La fatigue et l'âge, mon cher !", avait-il dit à Ted.

Wassermann avait voulu éviter une discussion. Cela lui paraissait évident. À table, il aurait fallu qu'il se dévoile... Un lâche, ce Wassermann...

Mais il se ressaisit vite. Il n'était pas n'importe qui... Il avait enregistré quatre-vingt-douze CD... Quatre-vingt-douze ! Dans les meilleures maisons ! Sony Classical, EMI, DGG... Un *Ring* complet avec les Berliner... Les symphonies de Bruckner en intégrale... Les neuf de Beethoven avec le London Symphony... La *Carmen* du siècle, avec Domingo et Troyanos... Qui pouvait présenter un tel bilan ? Pas ce cabotin d'Akrashoff, en tout cas. Lui avait peut-être enregistré trente ou quarante CD. Et encore, il fallait voir chez qui...

Cela l'irritait beaucoup, qu'Akrashoff ait le même agent que lui. Il allait demander à Ted de choisir. Si Ted voulait Akrashoff, qu'il se le garde ! Lui-même allait se trouver un autre agent. Tous étaient à sa porte !

"Que veux-tu", lui avait dit Ted un jour, "chaque agent a plusieurs artistes ! C'est dans l'intérêt de tous, tu le sais. Mais je te défends bec et ongles, tu le sais aussi !" Tiens donc... Ted le "défendait", maintenant... Mais lui n'avait pas besoin d'être "défendu" ! Ted le voulait comme client parce que c'était le meilleur ! Et qu'il lui faisait gagner beaucoup d'argent, à ne rien faire si ce n'est ponctionner dix pour cent sur tous ses cachets ! Si c'était ça, le "défendre"…

Ce Ted jouait un drôle de jeu.

Dès que l'attribution du B16 serait décidée, il aurait une discussion avec lui. Très franche. Qu'il ait la charge d'autres chefs d'orchestre, d'accord. Mais pas Akrashoff. Il devait choisir.

D'un coup, il était certain d'avoir le projet Beethoven… Toutes les cartes lui étaient favorables. Niveau artistique… Notoriété internationale… Y compris aux États-Unis, où Akrashoff n'avait pas de nom… Et l'Asie ? Au Japon, Akrashoff était connu, c'est vrai. Mais pas comme lui ! Lorsqu'il donnait un concert à Tokyo ou à Osaka, c'était une ambiance rock ! Des foules, des ruées, des queues à la sortie…

Bien sûr qu'il l'aurait.

Il se mit à recenser les solistes avec lesquels il exigerait d'enregistrer. Pour le violon, ce serait Neri. Psychorigide mais solide. Terne juste ce qu'il faut. Il passa aux pianistes. Il n'aurait aucune peine à en choisir cinq. De bons pianistes, il y en avait autant que de Chinois.

Il repensa au flûtiste russe. Qu'est-ce qui avait bien pu le mettre sur le chemin de Paternoster ? Il le ferait chercher par le régisseur à la fin du concert de Lausanne et l'inviterait à rentrer à Genève avec lui en limousine. Cela le flatterait.

Rose Neri était toujours sur sa lancée.

Il regarda Charlotte et tira sur les muscles de son visage, pour l'imiter lorsqu'elle prenait son air entendu et lançait du bout des lèvres : "Mais enfin ! Tu n'y penses pas !", et cela le fit basculer dans la bonne humeur.

8

24 avril

— Celle-là est formidable !

Donald avait en main une photo noir et blanc sur laquelle Alexis était en polo manches courtes, les bras tendus vers l'avant. Sa main droite tenait une baguette fine et courte. L'autre main était orientée en direction de l'orchestre, paume ouverte, comme pour dire : "Que personne ne bouge !"

— Elle est magnifique, fit Ted.

— Oui, ajouta Donald, il y a une fraîcheur, une joie. On vous sent reposé, très en forme. Bravo, Giulia.

— Merci !

Ils étaient chez Alexis, installés dans la bibliothèque autour d'une immense table basse. Assise entre Donald et Ted, Sonia prenait des notes. Giulia faisait des photos. Alexis, le regard mobile, semblait sur les nerfs.

— C'est vrai, fit Sonia, les yeux sur la photo. On dirait quelqu'un qui sort de la douche après avoir fait sa gymnastique.

— C'était à Berlin, n'est-ce pas ? Au début de la première répétition.

— Le tout début, ajouta Sonia. Tu avais commencé avec la *Quatrième* de Schumann.

— Il faut en choisir une dizaine, reprit Donald. Avec Giulia, nous en avons sélectionné trente.

— Voyons celles des répétitions, fit Ted.

Alexis piqua au hasard une photo noir et blanc :

— Celle-là est sympathique !

Il était assis sur le tabouret qu'il utilisait durant les répétitions, le regard sur une partition de petit format. À son côté, une jeune femme tenait un basson, l'air concentré, les yeux sur la page de musique.

— On la garde ! Voyons la suivante.

La photo le montrait en gros plan, la main gauche sur la même partition, le bras droit tendu à l'extrême en direction des violoncelles.

— Très humaine, dit Donald. Regard profond… Inspiré… Magnifique !

— Et celle-là, qu'en dites-vous ?

Giulia, l'appareil photo baissé, attendait la réaction d'Alexis. Il apparaissait sans baguette, les bras croisés, le regard très dur porté sur sa gauche, vers les premiers violons.

— Là, fit Alexis, soudain très souriant, vous savez ce que je leur dis ? Mes chers amis, si vous ne savez pas faire la différence entre *piano* et *pianissimo*, il faut changer de profession !

Il éclata de rire :

— J'adore cette photo ! On la garde.

— Et celle-là ? demanda Donald.

La photo avait été prise depuis les gradins du chœur. Alexis apparaissait en arrière-plan, la main gauche posée à plat sur la partie supérieure droite de la poitrine, dans un geste qui demandait à l'orchestre un surplus d'émotion. Autour de lui, on ne voyait que des musiciens à cordes.

— Répétition d'*Apollon musagète* ? demanda Alexis.

— Oui, fit Ted. Elle est parfaite

— La plus mauvaise photo qu'on puisse imaginer ! lança Alexis. Un chef perdu au fond de l'orchestre, ce n'est plus un chef !

Personne ne réagit. Il saisit la photo suivante :

— Ah ! Celle-là est formidable !

Elle l'était vraiment. Il avait le bras gauche tendu vers l'avant et, de l'index gauche, il pointait vers le pupitre des premiers violons. Sa main droite tenait la baguette à hauteur du front, et la photo, qui la montrait en flou, faisait ressortir la vitesse du mouvement et la violence du geste. Tendu de tout son corps, le dos voûté, on aurait dit qu'il visait une proie.

— Une photo magnifique, fit Ted. La plus forte.

Il se tourna vers Donald :

— Tu y as pensé pour la couverture ?

Le cliché suivant le montrait détendu, le regard pétillant, la bouche ouverte.

— Ça, c'était à Londres, se souvint Alexis. Concerto de Beethoven, avec Neri.

— On dirait un chanteur d'opéra, lança Ted.

Alexis se mit à chanter d'une superbe voix de baryton :

Ridi, Pagliaccio,
Del tuo amor infranto

Ridi del duol
Che t'avvelena il cuor

Ris, Paillasse,
De ton amour brisé

Ris de la douleur
Qui t'empoisonne le cœur

Il cassa sa voix sur *il cuor*, en forçant sur l'effet.
Tous applaudirent.

— Compliments, maestro, fit Ted.

— Je crois qu'on a notre compte de photos prises au podium, conclut Donald.

Alexis pointa les cartons du doigt et lança :

— Je veux voir ce que vous avez exhumé.

— Peu de chose, dit Donald. Aucune photo de vos années d'internat. Il faudrait quand même qu'on en mette une…

Alexis ne réagit pas.

— Les lecteurs sont attachés à connaître l'enfance des grands de ce monde, ajouta Donald. "Les petits détails du quotidien", voilà ce qu'ils souhaiteraient connaître. Rien d'essentiel ! De petits détails…

Sa mère avait-elle laissé échapper une remarque, la veille à table ? Du genre : "Nous l'avons mis en internat à un moment difficile" ? Ou encore : "Pour moi c'était douloureux, mais vu les circonstances…" ?

Il décida d'anticiper :

— Ce furent des années extraordinaires ! Inoubliables ! Vous m'avez vu avec Lenny… Nous nous sommes retrouvés comme si nous ne nous étions jamais quittés. Après tant d'années… Si vous souhaitez des anecdotes, je pourrais vous en raconter beaucoup ! Au réveil, par exemple, nous devions retourner notre matelas… Pour qu'il "respire" !

Il rit sur le mot. C'était à qui, parmi les pensionnaires, inventerait la meilleure supercherie.

Sonia notait pendant que Giulia prenait des photos.

— Je me permettrai de vous recontacter, pour les matelas, fit Donald.

— Bien sûr !

— Il nous reste à examiner les extraits des cartons, reprit Donald. Ce ne sera pas long.

Les quatre cartons de Charlotte étaient disposés sur la table basse, bien rangés en parallèle. Au pied de chacun, il y avait un petit tas de coupures de presse ou de photos.

— Il s'agit de premiers choix, dit Donald.

Il ramena vers lui le carton des coupures de presse :

— Les critiques sont toutes excellentes…

— Parfait, conclut Alexis. Voyons le carton suivant.

— Les reportages photo.

Alexis se saisit de la pile et feuilleta les clichés.

— Aucun problème.

Le troisième carton contenait ses portraits officiels. L'avant-veille, Alexis en avait retiré les plus anciens. Il se trouvait mieux maintenant. Plus serein.

— J'aurais aimé en ajouter une ou deux qui vous montrent en début de carrière, fit Donald. Sans doute que Ted pourra m'en fournir.

— Non, laissa tomber Alexis.

Il y eut un silence. Donald chercha le regard de Ted. Celui-ci ferma les paupières en signe d'apaisement.

— Il nous faut aussi quelques photos de famille, reprit Donald. Si vous n'y voyez pas d'inconvénient…

Il tendit le lot à Alexis.

Les photos étaient au nombre de quatre. La première avait été prise durant ses années de conservatoire. Elle le montrait avec sa mère, bras dessus bras dessous devant le Victoria Hall. Sur la suivante, il était à la neige, affalé sur une chaise longue, souriant, les bras levés en signe de victoire. Les deux autres le montraient avec Charlotte, l'une dans le hall d'entrée de la Scala, devant la colonnade de marbre blanc, l'autre à New York sur les marches de l'hôtel Plaza.

— C'est bon, dit Alexis.

Il tendit les quatre photos à Donald. Au moment où celui-ci s'apprêtait à les poser sur la table, il eut un mouvement de surprise :

— Celle-là, je ne l'avais pas remarquée...

Un cliché était resté collé au dos de celui où Alexis était avec sa mère devant le Victoria Hall. C'était une petite photo noir et blanc, aux bords cannelés. Donald la détacha avec soin :

— Ah ! Avec un petit camarade... Elle est très touchante... Il faut la garder !

Il la tendit à Alexis. La photo le montrait à l'âge de six ou sept ans, assis sur une calèche à la place du cocher. Il regardait la caméra, l'air boudeur. À son côté se tenait un petit garçon, plus jeune d'environ deux ans, qui souriait et semblait infiniment heureux. Sur la banquette arrière, ses parents étaient assis côte à côte et se donnaient le bras. Sa mère regardait l'autre garçonnet avec tendresse. Son père avait les yeux sur sa femme.

Alexis sentit la rage le submerger. Il déchira la photo en deux, puis en quatre, lança les morceaux sur la table et se leva.

Les autres le regardaient, immobiles et terrifiés.

— Les gens m'applaudissent parce que je sais diriger un orchestre !

Il foudroya Giulia du regard :

— Je n'en peux plus de vous voir tournicoter !

La jeune femme abaissa son appareil, l'air perdu, puis fondit en larmes

— Nous te laissons, fit Ted. Tu as un concert ce soir.

— Je ne vous retiens pas, lança Alexis.

Il se leva et quitta la bibliothèque sans saluer personne.

9

24 avril

Il alla s'étendre sur son lit, ferma les yeux, et se souvint.

Le jour où sa mère l'avait appelé *agori mou*, mon garçon, c'était comme si elle l'avait giflé. Car jusque-là, c'était *kamari mou*. Depuis toujours. *Kamari mou.* Ma fierté. Mais il y avait eu l'accident, et elle était devenue comme un arbre. Énorme. Impossible à serrer dans ses bras. Imprenable. Rêche comme une écorce.

Elle avait recommencé à l'appeler *kamari mou* vingt et un ans plus tard… Vingt et un ans… Il avait compté. C'était à New York, après une *Carmen*. Le public du Metropolitan Opera l'avait ovationné durant près de vingt-cinq minutes… Tatiana Troyanos et Plácido Domingo l'avaient tenu chacun par une main pendant qu'ils faisaient des allers-retours entre rideau et avant-scène…

Sa mère l'avait retrouvé dans sa loge. Ils s'étaient étreints, puis elle avait dit *"Issé to kamari mou"*, tu es ma fierté, et ils avaient éclaté en sanglots.

10

24 avril

Charlotte travaillait à la banque Hugues, l'établissement dont Armand, son père, avait été l'un des associés. Elle gérait les comptes d'une clientèle appelée en interne "conservatrice, à petit potentiel", c'est-à-dire sans grand intérêt. Son travail consistait surtout à lire les rapports de la banque et à en retenir quelques phrases-clefs, qu'elle servait ensuite à ses clients avec conviction.

Elle n'avait ni la formation ni la culture que le poste exigeait. Mais son mari était une célébrité, elle-même était "née", comme on disait à Genève, et finalement le fait qu'elle ne soit pas brillante arrangeait "les cousins". Si elle l'avait été, ils auraient dû lui faire plus de place.

Comme chaque jeudi après-midi, elle quitta la banque à six heures vingt précises. Du boulevard du Théâtre au cabinet du docteur Lyon, quai des Bergues, elle en avait pour dix à quinze minutes, selon le nombre de bonjours qu'elle distribuait en chemin. Elle les accompagnait toujours d'un "Je file !" ou "C'est l'horreur !" lancé très vite. Elle devait rappeler à son interlocuteur combien elle était sollicitée, de toutes parts, débordée, vraiment, entre le travail à la banque, qu'elle menait avec sérieux, grand sérieux, même, je vous assure, de nos jours il n'y a que des professionnels qui s'occupent de gestion, sans compter Le Français pour Tous, une association d'aide aux demandeurs d'asile dont elle avait repris la présidence à sa mère, et puis il y avait son fils qui passait une période difficile, et ce mari extraordinaire dont elle essayait de suivre la carrière, enfin, comme si on pouvait suivre une fusée, vous voyez un peu...

Mais malgré toutes ces charges, elle était dans la charité, toujours et quoi qu'il advienne.

Elle arrivait au cabinet du docteur Lyon en retard de cinq ou six minutes, quelquefois sept, mais jamais plus de huit, ce qui l'aurait fait passer pour mondaine, alors qu'elle n'était que débordée. Son retard était calculé, normé, indispensable pour marquer sa place dans la ville et le soin qu'elle mettait à faire le bien.

Les excuses qu'elle présentait à son thérapeute ajoutaient à son bonheur. Elle les offrait de manière éplorée : la peine qu'elle lui avait causée par son retard était immense et il était de son devoir de la partager.

L'entrevue durait une heure et demie, le double d'une consultation normale, et cela lui permettait d'aller "au fond des choses", mais il était entendu qu'elle se rendait chez le docteur Lyon pour "bavarder, n'est-ce pas ?", vu qu'elle n'avait aucun problème psychiatrique, "à Dieu ne plaise !".

Les visites avaient commencé trois ans plus tôt, à une époque où plusieurs articles de presse avaient évoqué "la complicité exceptionnelle" qui liait maestro Kandilis et Tina Gentiluomo, une soprano qui participait souvent à ses concerts. "Ton mari ne sait pas tenir son rang !", lui avait lancé sa mère. Une quinzaine de jours plus tard, Charlotte s'était décidée à demander une explication. "Tu ne vois pas la vie de fou que je mène ?", avait hurlé Alexis. "Je suis débordé ! Harcelé !

Si tu as besoin de discuter, fais comme tout le monde ! Trouve-toi un psy !"

Le docteur Lyon l'avait reçue avec beaucoup d'humanité, et Charlotte en avait gardé une gratitude qu'elle exprimait à sa manière. Elle venait le voir "pour partager quelques réflexions avec quelqu'un d'intelligent, si vous me passez l'expression !", ne s'étendait pas sur le canapé, bien sûr, et gardait à sa conversation avec le psychiatre le ton entendu dont elle usait avec chacun. Du reste, lorsqu'elle parlait de lui, elle ne disait jamais "mon psychiatre". Elle avait d'ailleurs abordé ce point précis avec Lyon : "Vous n'êtes pas *mon* psychiatre ! Vous êtes *un* psychiatre chez qui j'aime venir bavarder, nuance !" Ils avaient ri.

Au moment où elle arriva au quai des Bergues, elle pensa à Pierre. À table, la veille au soir, il lui avait lancé : "Elle me fait marrer, la mère Bordier." Nicole Bordier enseignait l'histoire au collège Calvin depuis toujours. "Il paraît que de ton temps, tu étais une rebelle ! J'aurais bien aimé voir ça !" Il avait ricané avant d'ajouter à l'intention de son père : "Tu te rends compte ? Maman, une rebelle ?"

Après avoir beaucoup hésité, elle avait décidé de raconter l'échange au docteur Lyon, en insistant sur le "de ton temps", qu'elle trouvait "un peu cruel, mais charmant". Ils avaient discuté de l'âge qui venait, "heureusement pas encore trop vite", avait lancé Charlotte. "Il s'annonce, mon âge. Il connaît les bonnes manières. C'est un âge genevois…" Après un silence, Lyon lui avait posé la question en souriant : "Vous étiez donc rebelle ?" Les larmes lui étaient venues, d'un coup. "Pardonnez-moi… Tous ces souvenirs…"

Elle se livrait à lui par petits jets. Une confidence, quelques bribes lancées du bout des lèvres, des aveux réticents, un peu avares, qu'elle offrait de la même manière qu'elle aurait fait l'aumône.

— Et avec votre mari ?

— S'il faut que j'aborde le sujet, soit ! Après tout, je suis là pour discuter de tout !

Elle n'avait "pas de tabou", comme elle aimait à dire.

Ils avaient parlé des obligations d'Alexis, des pressions qu'il subissait du public, des journalistes, de son agent... Et maintenant cette biographie... C'était difficile, pour tous les deux. Mais il fallait qu'elle tienne. Et elle tenait, grâce à Dieu ! Elle faisait front, de toutes ses forces. Il y avait Alexis, son fils, sa mère...

Surtout sa mère à qui elle ressemblait de plus en plus, elle le voyait bien. Mêmes mimiques. Mêmes sourires tendus. Mêmes rides. Sa mère qui à l'adolescence l'appelait Charlot, pour la façon heurtée qu'elle avait de marcher.

Ce soir-là, après avoir quitté le docteur Lyon, elle se plongea dans le souvenir de sa première rencontre avec Alexis. C'était dans la grande salle du conservatoire, l'année de ses dix-neuf ans, peu après le mariage de son père avec Tatiana. Celle-ci donnait un récital tout Schubert, et c'était Alexis qui l'accompagnait au piano. "Peut-on être si beau ?", s'était demandé Charlotte au moment où Alexis était apparu sur scène. Elle l'avait scruté avec une sorte de fureur, le cœur battant, le ventre noué. Non. Ce n'était pas possible d'être si gracieux. Si irrésistible. D'avoir un visage si parfait. Des doigts aussi délicats, aussi merveilleux...

Pourquoi l'avait-elle épousé ? Elle se souvint du plaisir qu'il lui donnait au lit. Un plaisir affolant. Autre chose que ce qu'elle avait connu avec les fils de famille... Sans doute aussi, se dit-elle à cet instant, qu'elle l'avait épousé pour le bonheur de l'aider dans sa carrière. Non pas comme une femme se met au service de l'homme qu'elle aime, mais dans le besoin obsédant de faire comme sa mère et d'offrir la charité.

Alors qu'elle remontait la promenade du Pin en direction de la rue Bellot, elle se mit d'un coup à sangloter.

Elle traversa la rue en vitesse et se réfugia dans le petit parc qui surplombait la promenade. À cette heure-ci, elle n'y croiserait personne.

11

24 avril

— C'était un bon concert ?
— Très bon, maestro.
Sur l'autoroute qui menait de Lausanne à Genève, la limousine roulait vite, sans un bruit.
— Et votre ami, hier… Il a aimé ?
— Il était enthousiaste, reprit Sacha. Il vous admire beaucoup.
Alexis laissa passer quelques secondes :
— Vous le connaissez bien ?
— Nous nous voyons régulièrement.
Il dit : réguilièremann, en roulant les *r* à la russe.
Il y eut un silence.
— Depuis longtemps ?
Alexis émit un rire gêné :
— Pardonnez ma question !
— Je comprends parfaitement, fit Sacha. Nous nous sommes connus en 1992, l'année de mes vingt-deux ans.
— À Genève ?
— Non, à Saint-Pétersbourg. Je cachetonnais, comme tous les musiciens de la ville. Jeffrey avait été invité à une soirée à l'Ermitage, on la donnait en son honneur, avec visite des collections, dîner aux chandelles, concert, et tout le tralala. On lui avait demandé

s'il avait une préférence musicale, il avait répondu qu'il aimait les pièces pour flûte…

— Qu'aviez-vous au programme ?

— *Suite pour orchestre n° 2 en si mineur*. Bach.

Il avait remarqué Jeffrey dès le début du concert et s'était lancé dans une véritable opération de séduction, par sa posture, par sa façon de jouer, aussi, presque sans vibrato, d'un son centré, très clair, aussi cristallin que possible. Ils étaient devenus amants le soir même.

— Et après ?

— Un an plus tard, Jeffrey m'a signalé qu'un poste se libérait au Philarmonique de Radio France. Je me suis présenté et j'ai été reçu. Deux ans plus tard, un poste de soliste se libérait à Genève. J'ai fait le concours, et voilà.

— Vous êtes très liés…

Sacha sourit :

— Il n'y a pas que l'affection qui nous unit…

— Il y a la musique, je l'ai compris.

— Pas seulement !

Il ajouta en riant :

— Il y a le poker !

— Le quoi ?

— Le jeu de cartes !

— Vous jouez au poker avec Jeffrey ?

— Oui et non. Nous discutons poker. Je ne participe pas aux parties qu'il organise avec d'aussi gros poissons que lui.

— Il joue beaucoup ?

— Ils sont une trentaine d'amis à se retrouver ici ou là, par petits groupes. Oui, ils jouent beaucoup. Et très gros. Ils se sont fixé des règles, un peu comme un cercle de boulistes, si ce n'est que tout se passe dans des chiffres et dans un luxe affolants.

— Ils prennent ça au sérieux ?
— Très.
— Et vous, là-dedans ?
— Nous refaisons les parties : "Et là, tu aurais demandé quoi ? Une carte ? Deux cartes ?" Il a une mémoire du jeu phénoménale.
— Et pourquoi vous ?
— À Saint-Pétersbourg, dans les années qui ont suivi l'éclatement de l'Union, on pouvait faire ce qu'on voulait, aux études. J'ai étudié les mathématiques en même temps que la flûte.
— Ce n'est pas banal...
— En réalité, c'est d'une cohérence absolue.
Alexis émit un petit rire :
— Expliquez-moi ça.
— Le domaine qui m'intéressait, reprit Sacha, c'était l'analyse combinatoire. Vous voyez de quoi il s'agit ?
— Pas du tout !
— Une façon de chercher l'harmonie du monde.
Il réfléchit quelques instants.
— Imaginez une soirée à laquelle se rendent six personnes. Eh bien, il y en aura toujours trois au moins qui se connaissent déjà, ou trois au moins qui sont étrangères les unes aux autres. C'est le théorème de Ramsey. Il est typique de l'analyse combinatoire.
— Quel lien avec la flûte ?
— L'analyse tente de trouver un ordre dans le désordre des événements. Elle les associe les uns aux autres dans le propos d'en dégager une cohérence, une harmonie. En définitive, elle lutte contre le chaos du monde...
Il y eut un silence.
— Prenez les notes de musique, poursuivit Sacha. Elles sont à peine une poignée. Jouées dans le désordre,

elles débouchent sur une cacophonie. Mais lorsqu'on les associe les unes aux autres de façon ordonnée, le désordre se transforme en miracle. Au fond, ce que fait le compositeur, c'est un travail d'analyse combinatoire. Il trouve un ordre nouveau.

— Ce n'est pas faux… fit Alexis. Mais pourquoi la flûte ?

— De tous les instruments, c'est celui qui exprime l'ordre retrouvé de la façon la plus simple. Pour moi, un beau son de flûte chante toujours la renaissance du monde.

— Les autres instruments ne sont pas mal non plus…

— Prenez un basson, un cor, un hautbois, un trombone. Ils dégagent de la passion, de la fureur ! Ils veulent dominer ! Et je ne parle pas des cordes, avec leur va-et-vient. Elles inquiètent ! La flûte c'est un ruisseau… Il suffit de regarder l'instrument et d'en écouter deux notes pour se sentir apaisé.

— Analyse combinatoire et musique, même combat ! lança Alexis.

Il s'attendait à voir Sacha éclater de rire. Mais celui-ci lui répondit avec grand sérieux :

— En un sens, oui. L'une et l'autre partent du chaos et cherchent une harmonie.

Il y eut un silence.

— Et le poker ?

— Les cartes sont distribuées au hasard. À chacun de transformer son jeu en une suite aussi parfaite que possible. De faire que l'ordre succède au désordre.

Alexis se souvint.

À l'Institut, le poker était partout. Dans les vestiaires, sur les tables de classe, partout. Rien ne semblait plus important que d'être vu en train de faire une partie. Le jeu fascinait les élèves. Il leur donnait le sentiment d'être des grands. Presque des durs. Il fallait prendre des décisions, trancher, s'imposer…

Blinde… – Une carte… – Je passe…

Peut-être aussi que lui et les autres aimaient le poker pour un motif plus intime. Plus honteux, aussi. Qui étaient-ils, les internes de l'Institut, si ce n'est l'incarnation du chaos ? Ils étaient cela même… Une collection de pions que des parents avaient déplacés de leur échiquier. Les internes devaient accepter cet ailleurs. Se convaincre qu'il ne s'agissait pas de chaos. Que tout avait été fait pour le mieux. Le poker, c'était leur façon de contrer le désordre qu'ils incarnaient. De restaurer leur honneur.

Ils roulèrent quelques minutes en silence.
Au moment où ils dépassèrent Gland, Alexis reprit :
— Quelque chose m'échappe. Le jeu est intéressant, d'accord. Mais il a ses limites. Vous êtes un esprit brillant. Vous avez étudié les mathématiques. Vous donnez des concerts comme soliste… Et vous passez vos loisirs à jouer au poker ?
— Pardonnez-moi, maestro, je vais vous décevoir. Bien sûr, la musique est un monde merveilleux. Mais vous le savez bien… Nous sommes dans un monde géré par les lois du marché. Il y a de la demande pour les grands tubes (il disait : tioubes), alors il faut donner les grands tubes… L'activité des orchestres symphoniques passe sans cesse par les mêmes chemins…
Le garçon avait raison.

Lui-même aurait pu faire une carrière de compositeur. A dix ans, il suffisait qu'il se mette au piano pour que les mélodies lui coulent des doigts. Elles se bousculaient dans sa tête, ravissantes, lumineuses... Il n'avait qu'à choisir. Au conservatoire, pour la cérémonie de remise des diplômes, il avait composé trois variations inspirées par *L'art de la fugue*, de Bach, des mélodies teintées de couleurs orientales. "Le garçon le plus doué que j'aie croisé de toute ma carrière", avait dit son professeur de composition à sa mère, au moment de l'au revoir. "Il est trop beau pour qu'on le cache !", avait répondu Clio sur un ton sec.

Elle lui avait répété mille fois : "Gratouiller du papier pour gagner une misère, c'est ça que tu veux ? Chef d'orchestre, voilà ce que tu dois devenir !"

Elle avait bien fait d'insister. Maintenant, il dirigeait les plus grands orchestres dans les meilleures salles. Berlin. Londres. Amsterdam. Cologne. Vienne. La semaine prochaine, il serait en Espagne. Madrid, Barcelone et Valence. Cinq concerts en cinq jours, qui lui rapporteraient un quart de million de dollars.

Il avait atteint le sommet.

— L'usure, c'est inévitable, reprit Alexis. Mais le poker, là-dedans ?

— Au poker, vous êtes sans cesse secoué par des émotions violentes. Très humaines. La tromperie. Le mensonge. Le frisson de l'astuce. Le désir de blesser. La peur de beaucoup perdre. Une partie de poker, c'est l'opposé absolu de la routine.

La musique, c'était le succès. Les bravos. L'argent, aussi. Beaucoup d'argent. La gloire. La facilité de tout.

— La musique a tous les traits de la victoire, fit Alexis. C'est un monde magnifique.

Il laissa passer quelques instants, puis ajouta :
— Mais je dois bien l'admettre. Nous sommes souvent dans l'imposture.

DEUXIÈME PARTIE

Juin-juillet 1997

12

25 juin

Alexis étala ses cartes :
— Full aux valets par les quatre.
Des deux mains, il ramena vers lui la masse de jetons qu'il venait de gagner.
— Bien joué, lança Jeffrey.
— La chance m'a servi !
— Au poker, ce n'est jamais une question de chance ! fit la femme assise à sa droite, une blonde de petite taille bijoutée comme dans un conte oriental.
Elle se tourna vers lui et lança en souriant :
— Vous êtes doué, mon cher, voilà tout !
Le ton n'appelait pas de réplique.
Alexis la dévisagea d'un coup d'œil. Sa minceur et ses traits lissés lui donnaient un air juvénile, mais son regard dur et terne trahissait la femme qui a beaucoup appris de la vie.
Alexis sourit et baissa les yeux sur le monceau de jetons empilés devant lui. Il y en avait une trentaine, tous de même taille, marqués 5 000 dollars pour les blancs, 10 000 dollars pour les verts et 20 000 dollars pour les bleus. Les rouges valaient 50 000 dollars et les noirs 100 000 dollars. Jeffrey Paternoster les faisait fabriquer à sa marque : Poker Noster. Les mots étaient gravés sur chaque jeton, en majuscules et en lettres d'or.

Il empila ses jetons par valeur et en fit le compte en ayant soin de ne pas laisser paraître son émotion. Le coup lui avait rapporté cent cinquante-cinq mille dollars. Mais le plaisir du gain était peu de chose comparé à celui de participer à la partie. Elle se déroulait dans la suite impériale de l'hôtel Ritz, à Paris, et réunissait de vrais puissants. Pas des saltimbanques qui faisaient leur numéro mais des gens qui avaient sur les affaires du monde un pouvoir effrayant. Le Cercle des Trente, c'était le vrai sommet.

La partie avait pourtant mal débuté. Aux deux premiers tours, il avait relancé sans réfléchir et s'était retrouvé seul à surenchérir contre Mike Petropoulos, un armateur grec qui habitait Londres. Sa précipitation lui avait coûté cent dix mille dollars. Le tour suivant s'était déroulé de même façon. Il était parti avec d'assez bonnes cartes, sept huit neuf dix de cœur et roi de carreau, avait visé la quinte flush et relancé avant même d'échanger son roi. Mais il avait reçu un six au lieu d'un valet, puis avait surenchéri, bêtement. Cette fois-ci, la perte avait été de cent trente mille. Il s'était abstenu aux deux tours suivants, après quoi le hasard était venu à son secours sur trois tours de suite, et il avait pu se refaire.

— À vous de donner, fit sa voisine.

Anne de Ferretti était la marraine de la soirée. C'était elle qui avait pris l'initiative de la partie et invité les membres de son choix. Ce serait elle, aussi, qui se chargerait des frais de la soirée. Alexis avait posé la question à Jeffrey : Est-ce que l'organisation des parties incombait "à chacun son tour" ? Jeffrey l'avait rassuré : "Ce serait impossible. Chaque fois qu'une crise majeure secoue le monde, l'un ou l'autre d'entre nous se retrouve en première ligne et devient inatteignable."

Alexis battit les cartes, les distribua, puis, avant même de découvrir son jeu, il saisit son verre, fit tourner le vin et en but une gorgée, lentement, les yeux fermés. Il voulait montrer qu'il avait de la distance. Que les enjeux de la partie étaient à sa portée. Et qu'il plaçait le plaisir de boire une gorgée de château-pétrus au-dessus de bien des choses. Comme eux.

Il ne devait se montrer impressionné par rien. Ni par la rareté des vins, ni par la magnificence du lieu, ni, surtout, par l'importance des participants. Et encore moins par l'ampleur des enjeux.

Il laissa échapper un petit *mmm* qu'il voulut sans ostentation, puis posa lentement son verre sur le guéridon marqueté qu'il avait à sa droite, où étaient disposés quatre bols en argent garnis de pistaches décortiquées, de noisettes grillées, d'amandes blanches et de très grosses olives noires. L'univers dans lequel il se trouvait n'était pas celui du luxe. C'était celui du grand faste.

Enfin il consulta ses cartes, vit qu'il avait du jeu, et se souvint du soir où Jeffrey lui avait proposé de faire partie de leur cercle.

— J'ai appris par Sacha que vous aimiez jouer au poker, lorsque vous étiez en internat.

— Nous avons eu une conversation intéressante. Musique, mathématiques, poker… Sacha est un garçon qui aime approfondir.

— Il est exceptionnel, avait dit Jeffrey.

Il avait fixé Alexis avec attention :

— Cela vous dirait de reprendre du service ?

L'un des membres du Cercle avait quitté Londres pour New York. "Tous les membres doivent habiter l'Europe, c'est la règle, à la fois pour des raisons pratiques et parce que nous partageons une même civilisation. Pas d'Américains, pas d'Asiatiques, pas d'Africains. De l'Océanie et des Australiens, on ne parle même pas."

Les Trente devaient être à même de se retrouver sous quelques heures de préavis, à quatre ou cinq, mais jamais à plus de six, dans un des lieux où ils avaient leurs habitudes : c'était Londres, Paris, Genève, Venise ou Rome.

Jeffrey avait ensuite dit quelques mots sur les membres du Cercle. Chacun était à la tête d'un empire. Ce soir, outre Jeffrey et Mike Petropoulos, il y avait Sven Aksold, un armateur norvégien, et Anne de Ferretti, l'héritière des laboratoires dont elle portait le nom.

Tous se déplaçaient en avion personnel, et cette disponibilité était une condition essentielle pour appartenir au Cercle. Comme il ne fallait pas que le jeu entrave la marche des affaires, les parties débutaient toujours à dix heures du soir. Elles se terminaient à deux heures du matin au plus tard, selon un protocole précis où alternaient temps de jeu et pauses.

"Pour ce qui est des mises", avait dit Alexis, "je gagne bien ma vie. Pour le jet, en revanche…" Jeffrey l'avait interrompu : "Nous serons très honorés de compter parmi nous un artiste de votre renom. Où que vous soyez en Europe, l'un d'entre nous passera vous chercher ou vous enverra son avion. Du reste, pour la plupart, nous avons plus d'un jet." Il avait souri avant d'ajouter : "Pour les besoins de l'entreprise, bien sûr."

— Vous ouvrez, cher ami ?

Anne de Ferretti le fixait sans retenue.

Il détourna les yeux, ramassa ses cartes et les disposa en éventail serré. Il avait un as de pique, un as de carreau, un as de trèfle, un deux de cœur et un quatre de cœur. Il pouvait viser le carré d'as ou le full aux as par les quatre. De toute façon, il était assuré d'un brelan. Il ouvrit à dix mille.

— *Kati ehis, esi re malaka*[1] ! lança Petropoulos.

— Pas de messages codés ! fit Jeffrey en souriant.

— Je suis, fit Anne.

— Moi aussi, reprit Petropoulos. Et ce n'était pas un message codé. Une simple insulte. Entre Grecs…

— Avec vous, annonça Sven.

— Sans moi, soupira Jeffrey.

Alexis demanda une carte, reçut une dame de carreau contre son deux de cœur et se retrouva sans carré ni full. Anne échangea deux cartes, Sven deux et Petropoulos une.

Il relança de dix mille.

— Plus quarante, fit Petropoulos.

Jeffrey s'était retiré et regardait Alexis en souriant.

— Alors, cher ami ? demanda Anne.

— Tu es tendue, susurra Sven, l'air moqueur. Laisse notre ami réfléchir.

— Pardon, fit Alexis. Je vous retarde…

Il prit un jeton rouge :

— Plus cinquante.

— Sans moi, soupira Anne.

— Je suis, fit Sven.

— Plus trente, lança Petropoulos.

Maintenant, la mise totale se montait à deux cent soixante mille.

Il lança un jeton vert et un bleu :

— Pour voir.

Petropoulos n'avait rien. Son idée de demander une seule carte était du bluff. Alexis en était certain.

---

1. "Tu as de la carte, espèce de salopard."

Il calcula. Au total, il avait misé cent trente mille dollars sur le coup.

— Sans moi, soupira Sven.

— Après toi, fit Petropoulos à Alexis.

Alexis étala ses cartes.

— Brelan d'as.

Petropoulos hocha la tête et lâcha :

— Carré de valets. Désolé.

Jeffrey souriait. Il avait flairé la ficelle de Petropoulos qui avait son carré de valets depuis le début. Ses simagrées, les mots en grec, c'était un double bluff. Pour faire croire qu'il essayait de faire croire... Alexis était tombé dans le panneau.

— Dernier tour avant le souper, si Anne est d'accord, fit Jeffrey.

Au tour suivant, ce fut à elle de servir. Alexis eut un bon jeu de départ, deux paires roi valet et un dix. Il demanda une carte et reçut un valet. Sven et Petropoulos ne suivirent pas, et il se retrouva avec Anne et Jeffrey.

Anne demanda deux cartes et misa vingt. Jeffrey, qui avait demandé une carte, surenchérit de trente. Alexis suivit. Anne se retira et Alexis étala ses cartes.

— Full aux valets par les rois... Bravo, lança Jeffrey.

Lui-même n'avait qu'une paire. Mais il avait suivi. Il voulait qu'Alexis se rattrape avant la pause.

— Bien joué, fit Anne.

— J'ai eu de la carte, s'excusa Alexis.

— Voilà un monsieur qui cherche le compliment, conclut Anne en souriant.

Il était excessivement heureux.

13

25 juin

Tout était grandiose dans le salon voisin : la pièce elle-même, immense et très haute de plafond, ses cinq portes aux moulures dorées à la feuille, ses murs tendus de soie couleur cramoisie, sa décoration faite de hauts et bas-reliefs du XVIIIe siècle, tout. Un buffet, somptueux lui aussi, avait été installé devant les quatre fenêtres qui donnaient sur la place. Il était fait de poissons en gelée, de volailles, de sushis, de fromages et de douceurs. Une nappe de soie blanche brodée d'or recouvrait une table ovale sur laquelle des couverts en argent massif étaient placés de part et d'autre d'un service en porcelaine dorée. Disposés à l'extrémité du buffet, un gevrey-chambertin 1975 et un margaux 1969 incarnaient le principe qui régissait les soirées du Cercle des Trente : s'offrir ce qu'il y avait de meilleur.

Alexis avait vite pris l'habitude des pauses, de leurs splendeurs et de leurs codes. Elles étaient toujours d'une heure exactement (Jeffrey le lui avait dit à son premier soir avec le Cercle : "Méfiez-vous, nous sommes un groupe de gens très disciplinés"), et chacun était libre de faire ce que bon lui semblait : donner suite aux appels reçus, se restaurer, ou aller se reposer. Les joueurs résidaient toujours dans l'hôtel où était organisée la partie, et chaque détail avait été pensé pour rendre l'heure de pause agréable.

Un autre aspect de ces rencontres émerveillait Alexis par-dessus tout : l'attention que lui portaient ces puissants… Leurs questions sur ses concerts, ses projets, ses compositeurs préférés, leur façon de l'interroger et d'attendre ses réponses sur ce qu'il pensait de tel chef, de tel violoniste comparé à tel autre, de telle maison d'opéra, toute cette curiosité le comblait.

Pourtant, si l'attention qu'on lui accordait par ces interrogations était due à sa qualité de chef d'orchestre, il ressentait dans le même temps une sorte de mépris à l'égard de son travail. Soudain celui-ci lui paraissait petit, presque mesquin.

Diriger un orchestre, c'était agréable. Flatteur. Mais c'était de la frime. Une illusion de pouvoir qui consistait à suivre une partition écrite par un autre… À donner des ordres à grands gestes. Et à qui ? À de braves musiciens obligés d'obéir… Des garçons et des filles qui le vénéraient, il le savait. Et puis le public était là, toujours. Quoi qu'il fasse.

— Vous avez réussi à vous libérer ? demanda Sven.

— Sans difficulté, répondit Alexis. J'ai raccourci la répétition.

— Voilà qui est intéressant, lança Jeffrey. Racontez-nous comment vous faites.

— Il y a deux façons de procéder, fit Alexis.

Il s'arrêta et savoura la situation. Tous attendaient ses mots, et dans leurs regards il sentit qu'à cet instant précis, il était l'un des leurs.

— Il y a la manière douce.

Il s'arrêta à nouveau, histoire de créer une tension. Puis il ajouta d'une voix douce, sûr de son effet :

— Je leur dis qu'ils sont formidables.

La tablée éclata de rire.

— Parlez-nous de l'autre manière, intervint Anne de Ferretti. J'imagine qu'elle est moins simple.

— Un chef a toujours la possibilité de reprendre un orchestre en cours de répétition. Il peut relever mille imperfections. Dans l'attaque, dans la manière de rendre la note, dans la façon dont tel musicien joue un air… Ces nuances d'interprétation dépassent la partition.

Il fit à nouveau une pause de quelques secondes, pour savourer l'instant, comme lorsqu'il retenait l'orchestre dans une *fermata* :

— En pratique, si un chef veut raccourcir une répétition, il lui suffit d'exprimer sa mauvaise humeur, disons, cinq fois en autant de minutes. Après quoi il lancera aux musiciens : "Mesdames et messieurs, ce morceau n'a pas été travaillé comme il aurait dû l'être."

— Comment réagiront-ils ? demanda Petropoulos.

— Mal, bien sûr !

À nouveau tous éclatèrent de rire.

— Mais s'il m'arrive d'interrompre une répétition, c'est que j'ai pour cela de bonnes raisons. Cela se passe souvent avec des œuvres contemporaines qui n'ont jamais été jouées, des pièces pour très grand effectif, sans fil thématique, difficiles à préparer.

— Donc, ce soir, c'était la méthode douce ? demanda Anne.

— Juste ! fit Alexis en souriant.

Il mentait.

Pendant la répétition de la *Symphonie fantastique*, alors qu'ils en étaient au *Dies irae*, l'un des percussionnistes jouait en coulisse, comme l'exigeait la partition. Son instrument était une cloche d'un mètre de haut, et le musicien devait prendre en compte le fait que le son produit par la cloche devait atteindre le public en même temps que celui des instruments placés sur scène. Le parcours du son étant plus long, il devait anticiper l'instant de sa frappe en fonction de cette différence.

Après quatre essais, un décalage persistait. Alexis avait appelé le musicien sur le plateau et lui avait lancé devant tout l'orchestre : "Et à part ça, vous faites quoi pour gagner votre vie ?" Le percussionniste avait semblé ne pas comprendre. Piqué par son silence, Alexis avait ajouté : "Dans mon pays, là où il y a des cloches, il y a des vaches." Le pauvre garçon avait fondu en larmes.

— Vous êtes bien installé ? demanda Anne.
— On m'a mis dans la suite Chopin, répondit Alexis. Une attention délicate...
Elle lui sourit :
— Je pensais que cela vous ferait plaisir.

14

25 juin

Aussitôt qu'il regagna sa suite, Jeffrey s'étendit sur le canapé du salon et envoya un texto à Sacha :

Mon Alexandre,
Soirée terminée. Ouf!
Ton Alexis… Sympathique, d'accord. Pas très intelligent. Mais tu l'admires, il est génial…
T'embrasse tendrement,
Sphinx amoureux

P.-S. … et un peu jaloux… Attention…

À peine il fit partir son message qu'il le regretta. Sacha aurait sans doute un pincement au cœur. Cette histoire de jalousie était stupide.

Cela dit, cet Alexis était si friand de compliments… En plus, des hommes mariés qui aiment les garçons, il en avait connu un régiment…

Il était l'heure d'appeler sa mère, qui habitait San Diego, et cette perspective le réjouit.

Il lui devait tout. Le goût du faste et des privilèges, celui du beau, celui de la cruauté, aussi. "Même la cruauté doit être élégante", disait toujours sa mère, "c'est ce qui en rend le goût si délicieux."

"Always elegant", disait-elle aussi avant d'ajouter, avec un sourire : *"Even when you have to kill, my dear..."* Même quand il fallait tuer. C'est-à-dire rompre, écarter, ou, à l'extrême, bafouer.

Ce souci d'élégance valait pour tout : le rapport aux autres, la garde-robe, les manières à table, et, dans le cas de Jeffrey, l'homosexualité. Il fallait qu'elle soit vécue avec élégance.

Jeffrey avait depuis toujours considéré les mots de sa mère comme une injonction. Parfait elle le voulait, parfait il serait. Parfait, c'est-à-dire maître de lui, lucide, et s'il le fallait, cruel, à l'égard de soi autant que des autres. Soucieux d'esthétique dans tout : ses affaires, ses maisons, son apparence, et bien sûr les hommes de sa vie. Capable d'admettre une erreur et de la corriger. Quel qu'en soit le coût. Et surtout, surtout, ne jamais prendre les coups du sort pour un désaveu. Il convenait de les analyser avec une lucidité impitoyable, sans ciller ni s'émouvoir.

Il quitta le canapé, se déshabilla, se doucha, enfila un pyjama de soie blanche et se mit au lit.

Cet Alexis était un benêt. Du genre qui blesse et s'en vante.

Il pensa à Hal Eyring, son professeur de stratégie à Stanford. Un mormon qui avait une dévotion pour Machiavel.

De toutes les citations du *Prince* qu'il leur servait, l'une surtout avait frappé Jeffrey par son réalisme :

Il ne faut jamais blesser les hommes. Car un homme blessé est un animal dangereux. Il faut les caresser ou les tuer.

Il sourit, ravi d'avoir pensé à Eyring, et éteignit la lumière.

15

25 juin

Étendu sur son lit, encore habillé, Alexis était dans l'inquiétude. Il avait commis une erreur magistrale. Il aurait dû faire l'éloge d'autres grands chefs. Celui d'Akrashoff, en premier lieu. Plus il les aurait loués, plus il aurait conquis ses nouveaux amis. À leur prochaine rencontre, il leur tiendrait un autre langage : "Je ne sais pas si vous avez conscience de tous les grands talents qui existent aujourd'hui dans la direction d'orchestre." Il parlerait de la gestuelle moderne, de la concurrence que livrent les jeunes à leurs aînés. Il leur présenterait le projet B16 en toute confidence, comme la marque de son appartenance au Cercle…

Cette perspective l'apaisa. Il dirait "B16", et d'emblée cela créerait la connivence. Il leur décrirait le programme : neuf symphonies, cinq concertos pour piano, le triple concerto piano-violon-violoncelle, plus le concerto pour violon… Il décrirait les morceaux d'un mot et chacun aurait le sentiment de pénétrer dans l'antre d'un monde nouveau… Il ajouterait : "Pour tout vous dire, il se peut que le projet m'échappe. Akrashoff est un grand chef…"

Il se déshabilla, éteignit la lumière et s'efforça de garder les yeux fermés. Mais ce fut sans succès. La tension de la soirée était trop forte. Une fois encore, il ressortait gagnant. Les deux parties précédentes lui avaient laissé peu de chose, dix mille la première, vingt-cinq la suivante. Celle-ci se soldait par un gain de cent quatre-vingt-cinq mille dollars. Au total, deux cent vingt mille. L'équivalent d'un mois de travail harassant, à gesticuler comme un damné…

Le grand perdant de la soirée avait été Mike, qui lui avait lancé : "*Ré pousti*[1], je t'attends dans trois semaines." Alexis allait alors diriger au Royal Albert Hall.

Maintenant, il se sentait à l'aise avec tous sauf avec Anne. "Mes seuls loisirs, ce sont ces parties de poker", lui avait-elle dit en souriant. "Vous ne me verrez jamais dans une salle de concert. Mais je suis sûre que vous dirigez avec beaucoup d'élégance…"

Un bruit de sonnette le fit sursauter. Il resta immobile, les yeux ouverts, inquiet. Il n'eut pas le temps de se demander qui cela pouvait être que la sonnerie retentit à nouveau, deux fois de suite.

Il chercha le bouton de la lampe de chevet, enfila le peignoir saumon de l'hôtel et alla ouvrir.

C'était Anne de Ferretti, vêtue d'un même peignoir.

---

1. Expression grossière en grec.

16

26 juin

Assis dans le TGV qui le ramenait à Genève, Alexis relut pour la troisième fois la critique du concert. "Nous ne nous souvenons pas d'avoir jamais entendu une *Symphonie fantastique* aussi agitée, aussi décousue, en un mot aussi peu mélodique", écrivait le journaliste du *Monde*. "Kandilis nous en a proposé une interprétation superficielle et racoleuse."

Le chroniqueur musical ne limitait pas son attaque au concert. Il s'en prenait à la personne d'Alexis, "un chef autoritariste, à l'ancienne".

La férocité de l'article brisait tous les codes. Personne n'écrivait une telle critique pour un chef de son rang. Il y avait autre chose. Une connivence entre le journaliste et l'un des membres de l'orchestre. Lorsqu'il s'agissait de défendre l'un des leurs, les musiciens faisaient bloc…

L'article allait faire le tour du monde. En moins d'une journée, tous les musiciens d'orchestre se diraient : Cet homme est un salaud. Il faut lui faire la peau.

La chasse était ouverte.

17

26 juin

L'important, se dit Clio, c'est qu'il n'arrive pas énervé. Et si possible, pas trop pressé.

Elle regarda sa montre. Il lui fallait cinq minutes encore pour la cuisson des böreks. Sinon, tout était en place.

Quatre minutes plus tard, elle quitta son fauteuil et alla observer les böreks à travers la vitre du four. Elle avait dû se tromper dans ses calculs, car ils en avaient encore pour pas mal. Alexis les aimait très croustillants. Mais pas brûlants… "Des böreks à la pâte feuilletée, ça se mange chaud !", insistait Clio en poussant le plat vers Alexis.

Elle les disposait en trois lignes, selon qu'ils étaient farcis à la purée d'aubergines, au fromage blanc ou aux épinards. Elle en faisait toujours quinze, bien trop pour eux deux, mais Alexis les mettait en bouche tout entiers, et Clio se disait chaque fois qu'il allait les manger tous.

Elle retourna s'asseoir au salon et repensa à la critique du *Monde*. Il arrivait à tous les chefs d'avoir une mauvaise critique. Mais celle-là était d'une autre nature. Elle faisait peur.

Tôt le matin, pour apaiser son angoisse, elle avait été brûler un cierge à l'église grecque de Chambésy, sur l'autre rive du lac. En vain.

Qu'adviendrait-il d'elle si son fils n'avait soudain plus de carrière ? C'était impossible, bien sûr. Mais en supposant que ce le soit ?

Au déjeuner, elle verrait comment lui-même réagissait. Pourvu qu'il prenne le temps de discuter… Chaque fois on aurait dit qu'il avait un train à prendre. Il mangeait à toute vitesse, desserrait à peine les dents et partait.

Elle regarda sa montre, cette fois-ci pour calculer le temps qui la séparait de l'arrivée d'Alexis. Vingt minutes. Les böreks seraient encore chauds et toujours croustillants.

Elle eut un soupir nerveux. Son souci, c'était l'article du *Monde*. Pas les böreks.

Elle se leva à nouveau, cette fois plus lentement, alla observer les böreks et retourna s'asseoir au salon.

C'était une pièce petite et chaleureuse dans laquelle Clio avait entassé tout ce qu'elle avait rapporté d'Athènes. Il y avait des tapis disposés bord à bord, un lustre disproportionné, et sur les murs, des photos d'Alexis, encadrées de manière hétéroclite, qui le montraient au podium ou en mondanités, entouré de personnages connus.

Au-dessus d'un buffet massif, une couverture de magazine ondulait légèrement sous le verre d'un cadre. Alexis y apparaissait souriant, en frac, les bras croisés, avec dans la main droite une baguette de chef d'orchestre. Au bas de la page, on pouvait lire : "Alexis Kandilis", écrit en rouge, et en dessous, en grosses lettres noires : "En route pour les plus hauts sommets." De part et d'autre du cadre, Clio avait accroché deux articles de journaux. L'un était intitulé "A rising star hits New York[1]" et l'autre "Alexis Kandilis, un divo

---

1. "Une étoile montante percute New York."

greco[1]". Le sous-titre, en italiques, disait : "Una serata di sogno alla Scala[2]."

Il y avait aussi une icône byzantine et une vue de Constantinople, peinte de façon malhabile, qui montrait les deux rives de la Corne d'Or au coucher du soleil.

Sur les meubles, Clio avait disposé une nuée de napperons, tous couverts de bols, de cendriers ou du boîtes à cigarettes en argent.

Elle balaya du regard les deux articles de journaux qu'elle avait encadrés et se souvint. Pour New York, c'était au Carnegie Hall. Un *Requiem* de Verdi. Les ovations avaient duré dix-huit minutes. Dix-huit minutes… Elle avait regardé sa montre vingt fois, les yeux brouillés. À Milan, c'était *Othello*. Lorsqu'à la fin du spectacle, la Dettoni, qui chantait Desdémone, avait été le chercher en coulisse et l'avait tiré sur le devant de la scène, la salle s'était mise à hurler.

À nouveau elle quitta son fauteuil et alla surveiller les böreks. Maintenant ils étaient prêts. Elle les sortit avec précaution et les disposa sur un papier absorbant qu'elle retirerait à l'arrivée de son fils.

Elle se rendit ensuite à la salle à manger et vérifia un par un les mezzés disposés sur la table. Olives. Fromages. Poivrons rouges grillés. Salade d'aubergines pelées et épépinées. Thon mariné. Boulettes de viande. Tomates. Concombres. Poivrons verts. Fromage féta. Tarama. Purée de fèves. *Imam*[3]…

Tout y était.

Bien sûr, si sa carrière s'arrêtait…

Elle se leva avec brusquerie.

1. "Alexis Kandilis, un dieu grec."
2. "Une soirée de rêve à la Scala."
3. Aubergines farcies.

Elle était sotte de penser à de pareilles choses. Son fils était le plus grand chef d'orchestre du monde. Quoi qu'écrive un petit journaliste de rien du tout.

Et puis, son fils était brillant ! Il saurait répondre ! Il avait été fragile, c'est vrai. Mais il ne l'était plus ! Preuve en était la carrière qu'il menait !

Elle plongea dans le souvenir des premiers concerts en Amérique et des grands enregistrements qui avaient suivi. Deutsche Gramophon… RCA… Decca… Et maintenant, ces cachets incroyables…

Elle était bête de se mettre dans un état pareil.

18

26 juin

Anne de Ferretti mit ses demi-lunes, approcha son visage du miroir et fixa son sein gauche. La cicatrice était encore plus visible que la veille. Sur le sein droit, la ligne qui partait du bas de l'aréole se voyait à peine. Mais sur le gauche, elle était là et bien là, rose foncé.

"Ça arrive", lui avait dit le chirurgien, "ne vous en faites pas." Il avait ajouté : "C'est une question de temps."

Une question de temps… Quel imbécile.

En plus, côté sensation, le sein droit, c'était terminé. "Si trois mois après l'opération, la sensibilité n'est pas revenue, il faudra que vous en preniez votre parti. Au moins, il sera beau !", avait ajouté le chirurgien en souriant, "il fera plaisir à vos amants."

Un vrai imbécile.

Trois mois avaient passé depuis quinze jours, et la sensibilité n'était pas revenue.

Elle n'avait que ce qu'elle méritait. Huit ans plus tôt, après une même opération, elle avait retrouvé une poitrine de *pom-pom girl* et s'était comportée comme une idiote. Pas de soutien-gorge, ou alors des modèles pour adolescentes. Bien sûr, les prothèses avaient tiré sur la peau et il s'en était suivi un affaissement.

À la deuxième opération, les choses s'étaient moins bien passées. "Que voulez-vous, la peau vieillit !", lui avait dit le médecin.

La belle découverte.

Elle porta le regard d'un sein à l'autre, plusieurs fois. Au moins, ils étaient symétriques. Elle fixa à nouveau la petite cicatrice qui descendait du mamelon gauche, continua d'abaisser les yeux en direction du ventre et s'arrêta sur les hanches. Elle n'avait pas pris un gramme. Pas le quart d'un gramme. Mais la culotte de cheval s'était étendue. Malgré la nage, le golf, la marche et la gymnastique. Malgré le régime et les thalassothérapies…

Elle balaya du regard la face interne de ses cuisses, passa aux genoux, et leva les yeux. Elle avait les dessous de bras en kimono.

Le désastre sur tous les fronts.

Elle se mit à tendre sa peau par petits gestes nerveux, sur le ventre, les cuisses, les hanches, sur les fesses. Chaque fois elle la tira, regarda l'effet de la peau tendue, puis la relâcha et recommença.

La veille, elle avait scruté son visage. Bataille perdue, là aussi. On aurait dit que ses traits se déplaçaient. Des taches apparaissaient, aussi, toujours plus sombres et plus grandes, et allaient se coller partout. Sur le visage, le décolleté, les mains…

"Une question de temps…"

Le chirurgien avait eu les mots justes. Si ce n'est qu'il ne les avait pas utilisés dans le bon sens. Combien lui en restait-il, pour avoir dans son lit un homme en état de fonctionner ? Qui ne se serait pas déshabillé dans l'espoir d'un avantage ? Deux ans, trois peut-être… Après quoi…

Elle cherchait à tout contrôler avec férocité : ses affaires, ses enfants, ses amants, tout. Mais son corps lui riait au nez : "Ici, ma cocotte, c'est moi qui commande."

Elle repensa à Alexis. Elle ferait à Venise comme à Paris. Pas de lumière et chacun sa chambre. Les réveils romantiques, c'était à oublier.

Elle ôta ses lunettes et mit son bonnet de douche. Alors qu'elle se dirigeait vers la baignoire, ses yeux croisèrent son reflet dans le miroir du lavabo. Elle ressentit un petit vertige et s'arrêta. La personne qu'elle avait vue n'était pas elle. C'était une mémère.

Elle s'arrêta et soupira. Pour le ventre et les cuisses, elle se ferait faire une liposuccion. Elle disparaîtrait pendant deux ou trois semaines et le tour serait joué. Mais pour les bras... Sans parler des taches.

Les fleurs de cimetière, avait dit son dermatologue.

En voilà qui portaient bien leur nom.

19

26 juin

Il avait mangé en silence, très vite, sans regarder sa mère.

Au café, qu'ils prenaient à table au milieu des plats, elle n'y tint plus :

— C'est l'article du *Monde* ?

Il haussa les épaules :

— Oublie ça.

— Tu as toujours su parler aux musiciens…

Elle avait dit ces mots sur un ton interrogatif, dans l'attente d'être rassurée.

— Une meute, fit Alexis.

Elle secoua la tête :

— Ce n'est pas vrai. J'en ai connu, des musiciens. Ils me disent toujours des choses magnifiques sur toi. Ils t'admirent. Ils te vénèrent !

— Leur façon de m'admirer, c'est de me vendre aux journalistes. Ce sont des lâches.

À nouveau il y eut un long silence. Elle repartit à l'assaut :

— Charlotte m'a dit que tu as rencontré un groupe de poker…

Il sourit, fit oui de la tête.

— Ce Paternoster, c'est celui que nous avons vu au Neptune, il y a deux ou trois mois ?

À nouveau il hocha la tête.

— Tu es prudent au moins ?

— Mais bien sûr ! En plus, je gagne ! (Il rit.)

Elle était contente de le voir rire :

— Tu diriges où, cette semaine ?

— Venise. *Requiem* de Berlioz.

À nouveau, il avait parlé sans la regarder.

Il se leva :

— J'ai mon avion.

— À quelle heure ?

— Je ne sais plus. On vient me chercher, plus tard dans l'après-midi.

— En voiture ?

— En avion privé.

— En avion privé ?

D'un coup elle était aux anges.

À la porte, elle lui dit :

— Tu es au sommet !

20

26 juin

— Vous ne voulez rien boire ?
Anne fit non de la tête, le regard fuyant.
— Et monsieur ?
— De l'eau gazeuse sur des glaçons, merci, fit Alexis.
Il avait dit ces mots en souriant, les yeux dans ceux de l'hôtesse.
— Merci, dit Anne à la jeune femme, ça ira.
L'hôtesse la regarda sans comprendre.
— Bien sûr, laissa tomber Anne d'un ton las, apportez une eau gazeuse au maestro.
Elle aurait dû demander de voyager avec le Cessna. Sept places pour deux passagers, c'était bien assez.
Mais non. Elle avait voulu le Falcon, au prix d'un mensonge : "Je rentrerai sans doute mardi avec un groupe de musiciens", avait-elle dit au responsable de la flotte. Le Falcon, c'était douze places, un coin salon, et une hôtesse qui attendait qu'on la sonne.
Avec le Cessna, au moins elle aurait évité l'hôtesse.
Mais elle avait voulu le flatter. C'était pour ça qu'il venait, Alexis. Pour les applaudissements.
Au moment où il était monté dans l'avion, avec son sourire tous azimuts, elle avait capté son expression. C'était celle d'un petit coq.

Elle s'était comportée en sotte.

Elle se souvint de leur nuit à Paris. Cette façon qu'il avait de conclure ses érections… "Haraaan…"

Un crétin.

Au moment où l'hôtesse revint vers eux, un plateau à la main, Anne évita son regard.

21

27 juin

— *Tutto bene ?*

Le garçon qui servait le petit-déjeuner sur la terrasse du Gritti eut droit à un sourire maximal.

— *Perfetto !* répondit Alexis. *Tutto perfetto !*

Anne l'observa. Il avait son sourire de pavane. Un sourire qui disait : "Regarde comme je suis beau ! Sympathique ! Brillant !"

Un fat qui voulait plaire.

Et qui lui plaisait tant… Tout était beau, chez lui. Le nez, fin et droit. La bouche, grande et délicate. Le corps dur. Et cette façon qu'il avait, lorsqu'il faisait l'amour, de frotter sa verge contre son clitoris, avec lenteur. Il se tenait appuyé sur le lit des deux mains, bras tendus, comme un athlète, et faisait des mouvements de hanches lents et très courts, en la touchant à peine du reste de son corps.

Devant toute cette grâce, elle était perdue. Humiliée, aussi, de se voir accepter tant de vanité.

La nuit précédente, vers une heure du matin, elle avait quitté le lit pour se rendre à la salle de bains. Dans un éclair, elle avait capté une image d'Alexis renvoyée par le miroir du lavabo. Appuyé sur un coude, il la regardait de dos et souriait. C'était un sourire narquois.

Elle avait fermé la porte de la salle de bains et s'était mise à pleurer.

Lorsqu'elle était retournée dans la chambre, quelques minutes plus tard, il avait lancé, l'air conquérant :

— Tu viens à la répétition, demain ?

Elle lui avait demandé qui pouvait y assister. "Toi et toi seule !", avait-il répondu en souriant.

Elle avait les yeux rouges, mais il ne s'en était pas aperçu. Et comment pouvait-il s'en apercevoir, tout occupé qu'il était de lui-même ?

Elle lui avait demandé si c'était la première fois qu'il dirigeait le *Requiem* de Berlioz.

— Je l'ai dirigé douze fois, lui avait-il répondu. C'est la treizième.

Si tu me poses ce genre de question, ma brave fille, disait son regard, c'est que tu n'es vraiment au courant de rien.

Elle avait lancé "Je file", avant de quitter la chambre très vite, les yeux gorgés de larmes.

Jamais un homme ne lui avait tant donné le sentiment d'être aussi inadéquate.

Maintenant, elle suivait les va-et-vient des *vaporetti* sur le Grand Canal, et cela lui permettait de fixer sa pensée sur autre chose. Sinon, elle se serait mise à pleurer de honte et il en aurait conclu qu'elle était triste, déjà, de devoir rentrer à Paris le lendemain.

22

28 juin

La répétition se passa mal.

L'article du *Monde* avait circulé, c'était sûr.

Alexis avait multiplié les compliments aux musiciens, poussé au dialogue, posé des questions directes. Mais il n'avait reçu en retour que des réponses courtes, réservées.

Il s'était alors décidé à libérer l'orchestre vingt-cinq minutes avant l'heure, sans autre motif que de les acheter.

Mais rien n'y avait fait. L'atmosphère était restée glaciale et il avait quitté la Fenice dans une colère rentrée.

Ces musiciens n'étaient que des ingrats. Et des idiots. Il leur donnait l'occasion de jouer le *Requiem* de Berlioz pour la première fois de leur histoire. Une œuvre majestueuse. Hors norme ! Et quelle était leur réponse à ce cadeau ? De l'hostilité !

De la Fenice jusqu'au Gritti, il pressa le pas, le regard à terre, mâchoires serrées. La vérité, c'est qu'il était trop gentil. Et trop généreux ! Il donnait tout. Son temps, son talent, sa notoriété, son savoir…

Il essaya de se raisonner. L'humeur des musiciens n'était rien. Pas même un incident. Dans quelques semaines, l'annonce du B16 confirmerait son statut de plus grand chef vivant. Les choses seraient alors mises au point pour longtemps.

Arrivé au Gritti, il s'apprêtait à retrouver Anne sur la terrasse lorsqu'une voix l'interpella :

— Maestro !

Le concierge de l'hôtel tenait à la main une petite enveloppe blanche.

Alexis dévisagea le concierge avec méfiance et ouvrit l'enveloppe. Elle contenait un feuillet arraché d'un bloc-notes de l'hôtel :

Une urgence m'appelle à Paris. Désolée.

A.

Ni merci, ni je t'embrasse. Rien. "Désolée." Une consolation faite à un domestique.

Il se sentit partir en vrille.

Qui pensait-elle être pour le traiter de la sorte ?

Il fit une boule de la note et de l'enveloppe, les fourra dans la poche de sa veste et quitta l'hôtel d'un pas brusque, prêt à exploser.

Il prit deux fois à droite, passa devant l'église San Moisé, traversa Saint-Marc dans toute sa longueur et se retrouva sur la riva degli Schiavoni.

Cette femme se moquait de lui. Et elle avait tort de le faire ! Elle n'était pas de taille ! Elle n'avait pas qualité pour ! Cinquante-quatre ans et des seins refaits vingt fois ! Un homme qui faisait l'amour comme lui, elle n'avait pas dû en croiser un depuis longtemps. Pour autant qu'elle en ait connu un seul !

Au pont des Schiavoni, il décida de l'appeler. À l'instant même. Il devait lui dire ce qu'il pensait de sa façon d'agir. Il tomba sur sa boîte vocale et s'entendit lancer d'un ton sec "Je suis extrêmement surpris par ton départ. Pour tout dire, je suis déçu. Au revoir." Il coupa la communication et, dans la seconde qui suivit, regretta ses propos. Il avait été trop long. Il aurait dû se limiter à un "Je suis surpris et déçu". D'un ton froid, pour montrer combien il était au-dessus de ce départ ridicule... Et même indigne !

L'idée lui traversa l'esprit de laisser un second message. Celui d'un homme maître de lui. Il réfléchit quelques instants, se décida pour un : "Vraiment très déçu", cinglant, et s'apprêtait à presser sur la touche "répéter" lorsque son appareil se mit à vibrer.

Un bonheur le traversa. Elle réagissait. Elle allait s'excuser. Elle avait compris qu'on ne la lui faisait pas. Les choses allaient rentrer dans l'ordre.

Il prit l'appel, fit "Oui" d'un ton qui se voulait froid et tomba des nues en écoutant la voix de Charlotte :

— Mais qu'est-ce que tu as ? C'est toi ?

— Tu t'attendais à parler au pape ?

Elle avait reçu un appel de Clio :

— Elle t'a trouvé tendu. Je lui ai dit : "Mais c'est un artiste ! Il est tendu sans cesse, voyons !"

Voilà maintenant que Charlotte voulait rassurer sa mère...

— Tu t'inquiètes pour le concert ?

Sa femme était une gourde insupportable :

— Depuis quand est-ce que je m'inquiète pour un concert ?

— Je te laisse, alors ?

Il lâcha : "C'est ça. À bientôt", coupa la communication et prit le chemin de l'hôtel.

Sous les arcades de la place Saint-Marc, un couple l'arrêta :

— *You are maestro Kandilis, right ?*

Il leur sourit et accepta leur poignée de main.

— *We saw you with the Boston Symphony... Beethoven's Ninth... You were wonderful, just wonderful...*, fit la femme.

— *Absolutely wonderful*, reprit son mari.
Alexis les remercia.
— *You made our day*, dit la femme.
Il reprit son chemin, tendu et malheureux.

23

28 juin

— *Una signora l'aspetta sulla terrazza.*

Anne était revenue. Non qu'il tînt à sa présence. Mais si elle reconnaissait son erreur, il était prêt à tourner la page.

Mais dans l'instant il sut que ce n'était pas elle qui l'attendait. Le concierge la connaissait depuis toujours. Il ne lui aurait pas dit *"una signora"*, mais *"la signora de Ferretti"*…

À nouveau, il bascula dans l'irritation.

Lorsqu'il arriva sur la terrasse, une jeune femme se leva et lui tendit la main en souriant :

— Je suis Vanna Tartarelli. Nous nous sommes vus il y a deux ans…

C'était la correspondante du *Corriere della sera*, une courte de taille très maigre qui s'exprimait dans un français heurté :

— Je me suis permis de passer, pardon…

— Vous prenez quelque chose ?

Il lui avait lancé la question de façon brusque, comme pour dire : "On va couper les salamalecs, ça ira plus vite."

Elle le regarda dans les yeux, sans répondre. Il comprit qu'il l'avait vexée et sourit avec excès :

— Que puis-je vous offrir ? Un café ? Un thé ?

— Un café, ça ira.

Elle sortit un bloc-notes de son sac :

— On peut commencer ?

— Je suis tout à vous, répondit Alexis.

Il continuait de trop sourire.

— Le *Requiem* de Berlioz... Dans l'histoire de la Fenice, c'est une première...

Alexis acquiesça. Quatre cents musiciens et chanteurs, c'était un événement exceptionnel :

— Sans parler des quatre ensembles de cuivres placés sur les balcons ! Ce sera spectaculaire. Vous viendrez au concert ?

— Bien sûr, répondit Vanna Tartarelli, je serai là, c'est mon travail.

— Votre plaisir aussi, j'espère, s'écria Alexis.

Le garçon apporta les cafés. Le climat semblait se calmer.

Elle sourit, mais ce fut sans conviction.

— Est-ce que cela vous intéresserait d'assister à l'une des répétitions ? Cet après-midi, même ?

Elle accepta. Elle était acquise. Tout ce qu'il avait eu à faire, c'était de lui offrir un café et un semblant de considération.

— Pour les musiciens, reprit Vanna Tartarelli, cela doit être une expérience unique.

— Vous savez, les musiciens d'orchestre et la gratitude... Tout ce que je leur demande, c'est de jouer juste. De faire leur travail.

La journaliste le regarda avec curiosité :

— Plusieurs d'entre eux m'ont dit combien ils étaient heureux de vivre cette expérience. C'est une œuvre difficile, bien sûr. La pièce ne leur est pas aussi familière que les grands opéras italiens. Mais ils en sont conscients...

— Leur métier est de jouer juste. Ce qui définit un orchestre, c'est sa justesse.

Il perdait pied.

— Vous êtes très exigeant, fit la journaliste.

— Vous le dites comme un reproche. Dans mon métier, c'est une nécessité. Vous connaissez...

Il sembla hésiter à poursuivre. Puis d'un coup il sourit de façon exagérée :

— Tant pis, je vous pose quand même la question. Vous connaissez la différence entre un bon orchestre et un grand orchestre ?

— Je n'ai pas la compétence pour juger, répondit Vanna Tartarelli d'un ton glacial.

— Eh bien je vais vous la donner. Un grand orchestre est un bon orchestre qui joue toujours comme un bon orchestre. La recette est simple. Il faut jouer juste.

Il se leva. Il en avait assez, de cette gourde.

Mais la journaliste resta assise. Maintenant, c'était elle qui voulait en découdre :

— Vous avez eu des problèmes avec l'un des musiciens, lorsque vous répétiez la *Fantastique* à Paris.

— J'ai dit ce qu'il fallait dire à un percussionniste qui ne faisait pas son travail de façon professionnelle. J'ai fait mon métier.

— Il s'est mis à pleurer devant ses collègues...

— Je vous le répète, mademoiselle, je fais mon métier. Le journaliste du *Monde* a écrit n'importe quoi.

— Je comprends parfaitement.

Il la foudroya du regard :

— Si je préparais mes concerts comme vous préparez vos interviews, je n'irais pas loin.

Elle se leva, fit : "Désolée du dérangement", et partit.

24

28 juin

À peine Anne monta dans l'avion qu'elle lança à l'hôtesse :

— Venez vous mettre près de moi, nous allons bavarder ! Cela rendra le voyage moins long.

La jeune fille rougit :

— Avec plaisir, madame. Je vous apporte un café ?

— Apportez-en deux ! lança Anne d'un ton gai.

Cette liaison était une idiotie. Une histoire à la rendre ridicule. Il fallait qu'elle rétablisse sa dignité. Au revoir, maestro Alexis. À dans très longtemps.

Elle demanderait à la jeune femme de lui raconter sa vie et l'écouterait avec une bienveillance marquée.

25

10 juillet

— Je comprends, fit Ted.

Il resta silencieux durant une vingtaine de secondes, les yeux baissés. Puis il hocha la tête en signe d'assentiment, dit une fois encore "je comprends", murmura "à bientôt", et posa son téléphone portable sur la table.

Sonia et Donald le regardaient avec l'air de ceux qui devinent la mauvaise nouvelle.

Ils étaient à la Promenade, la *Promenayde*, comme disent les Londoniens, le salon de thé de l'hôtel Dorchester. La longue salle était bondée, bruyante, et joyeuse. Mais à leur table, l'ambiance était sinistre.

Ted leva les yeux sur Sonia :

— Je ne crois pas qu'il l'aura.

Wassermann, le patron de la WMC, avait lu les articles du *Monde* et du *Corriere*.

— Il me dit qu'il va réfléchir, reprit Ted. Mais à mes yeux, sa décision est prise. Ce sera Akrashoff.

Le matin même, Ted avait reçu un appel de la part de Klara Schmid, la secrétaire de Wassermann. "Nous avons beaucoup d'hésitations", avait dit Klara Schmid, "que se passe-t-il avec Alexis ? On dirait qu'il perd le nord." Elle n'avait pas voulu lui passer Wassermann. Ted s'était lancé dans des justifications excessives. Il n'y croyait plus.

— Pas un mot avant le concert, dit Sonia.

Alexis devait ouvrir les Proms[1] trois jours plus tard, avec une *Neuvième* de Beethoven. La First Night… Le concert le plus prestigieux de toute la saison.

Ted hocha la tête par petits gestes répétés.

— L'article du *Corriere*, c'était un assassinat, intervint Donald.

— Vous la connaissez, la Tartarelli ? demanda Ted.

— Docteur en musicologie, fit Donald. Une référence dans le métier.

L'article, intitulé "Le désarroi d'un grand", commençait ainsi :

> Les chefs d'orchestre sont narcissiques, ce qui est normal. Susceptibles, ce qui est acceptable. Et bien sûr irritables, ce qui est logique. Mais la façon avec laquelle maestro Kandilis traite les musiciens d'orchestre nous oblige à user d'autres mots. Le mépris et la dureté, par exemple.

— Tout cela me dépasse, conclut Ted.

En trente-cinq ans de métier, il avait croisé les plus grands chefs. Aucun ne s'était montré facile. Mais chaque fois qu'il s'était agi de leur image, tous avaient fait preuve de grande rigueur. Jusqu'à quelques mois plus tôt, Alexis s'était comporté de cette même manière. Tatillonne, irritante mais cohérente. Puis d'un coup, la machine avait déraillé.

Sonia ne répondit pas et se souvint. Vingt-deux ans plus tôt, la BBC avait invité Alexis dans sa série "Young Talents" pour une soirée Mahler. Le concert avait eu lieu au Royal Albert Hall et s'était terminé

---

1. Festival d'été organisé au Royal Albert Hall.

en triomphe. Douze minutes de rappel. Le surlendemain, le *Times* titrait "The Toscanini of tomorrow". Dans son article, le chroniqueur parlait d'un "jeune homme grec formé à Genève, qui semblait réunir en lui la beauté d'Apollon, une précision helvétique et le charme de l'Orient".

Le rêve s'était réalisé. Une carrière époustouflante, et voilà que d'un coup tout vacillait.

— Qu'en dites-vous ? demanda Ted à Donald.

Celui-ci resta silencieux. Alexis Kandilis lui échappait. Cette façon qu'il avait de basculer sans cesse de l'exaltation à une angoisse désespérée… On aurait dit que le monde entier était soit à ses pieds, soit ligué contre lui.

— Alors ! On déprime ?

C'était Alexis, accompagné d'une réceptionniste de l'hôtel. Il avait un sourire radieux :

— Je monte prendre ma chambre et j'arrive.

Il se tourna vers la réceptionniste, lança : "Je vous suis !", et d'un large geste du bras, l'invita à passer devant.

26

10 juillet

Au moment où il quitta sa suite pour rejoindre Ted à la Promenade, il avait l'estomac noué. Ils devaient être au courant, pour l'article du *Corriere*.

Heureusement, la décision pour le B16 était imminente. Et le concert de la First Night arrivait au meilleur moment.

Il parcourut d'un pas léger le long couloir qui menait aux ascenseurs. Mais à l'instant où il pressa sur le bouton d'appel, l'angoisse le reprit.

27

10 juillet

"Tout le monde est très occupé", avait dit Jeffrey, "mais je n'ai pas voulu annuler. Merci à Mike et à Sven." Il avait ajouté : "Je sais qu'Anne aurait beaucoup voulu venir, mais elle est retenue à Paris."

Anne s'était ouverte à Jeffrey : "Il traite les gens avec mépris", lui avait-elle dit la veille, "tu as lu la presse ?" Les articles du *Monde* et du *Corriere* avaient circulé. Sven lui avait fait savoir qu'il viendrait "parce que c'est toi qui me le demandes", mais il avait ajouté : "Ce gars n'est pas des nôtres."

Le début de partie n'avait rien offert de mieux à Alexis qu'une paire de dix. Il avait suivi les deux premiers tours et s'était retiré au troisième. La quatrième donne lui fut plus favorable. Il se retrouva avec ce qui était presque une quinte (sept, huit, neuf, dix, et dame, mais de familles différentes), demanda une carte et reçut un valet. Il força la surenchère et relança Mike de cinquante mille. Celui-ci répondit en le relançant de cent mille. Alexis suivit et étala son jeu :

— Quinte au valet.

— Désolé, fit Mike d'un ton sobre. La mienne est à la dame.

La quinte d'Alexis partait du sept, celle de Mike du huit. Le coup lui fit perdre deux cent dix mille dollars.

Au ton de Mike, Alexis ressentit une gêne. Ce "désolé" sec voulait dire : "Je ne veux rien partager avec toi, mon vieux. Ni émotion, ni sourire, rien."

Alors il joua mal. Il eut trois donnes correctes, chaque fois deux paires, mais ne suivit pas, dans l'attente d'une main forte. Elle vint au tour suivant, où il se retrouva avec trois as, un huit et un valet. Il demanda deux cartes, mais au lieu de les découvrir, il se mit à sourire et enchérit sans les consulter. Une vraie folie.

Jeffrey haussa les sourcils :

— Voilà un homme qui a de l'audace !

C'était dit comme un reproche. Les deux autres restèrent silencieux. Mike suivit l'enchère d'Alexis, Jeffrey se retira, et Sven surenchérit de cinquante mille. Alexis poursuivit la provocation et consulta une seule des deux cartes cachées. C'était un valet. Trois possibilités se présentaient à lui. Si l'autre carte était un as, il avait un carré. Si c'était un valet, il avait un full, une main très forte elle aussi. Mais si c'était n'importe laquelle des autres cartes, il restait avec son brelan d'as. Presque rien.

Il perdit pied et surenchérit de cinquante mille, ce pour quoi il dut ajouter cent mille au pot. Sven laissa passer quelques secondes, puis lâcha :

— Cinquante plus cinquante.

Sa mise sur ce coup se montait à deux cent cinquante mille dollars. Celle d'Alexis était de deux cent mille. Mais s'il voulait suivre, il devait ajouter cent mille.

Il consulta sa cinquième carte, sourit de manière ostentatoire dans l'espoir de faire fuir Sven, et lança :

— Cinquante plus cinquante.

C'était commettre l'irréparable.

Sven le regarda dans les yeux sans exprimer d'émotion, puis au bout d'une dizaine de secondes lança :

— Suivi.

Il ajouta un jeton noir au pot, étala ses cartes et annonça :

— Full aux rois par les sept.

La cinquième carte d'Alexis n'était ni un valet ni un as. Sa dernière surenchère apparaissait grossière, et son sourire aurait pu être celui d'un truand.

Sven le foudroya du regard :

— Le poker est un jeu sérieux.

— Je propose une petite pause, fit Jeffrey, le temps de remplir nos verres.

Il regarda Alexis, vit qu'il perdait pied, et décida de lui venir en aide avec ostentation. C'était sa façon d'enfoncer quelqu'un : sous couvert de la charité, il soulignait sa détresse. Il l'étalait, pour qu'elle n'échappe à personne.

Alors il engagea la conversation sur le programme du Royal Albert Hall. Pendant qu'Alexis lui répondait avec un excès de détails, Mike et Sven se détournèrent de la discussion, et cela ne fit qu'augmenter l'embarras de la situation.

Ils se remirent au jeu. À minuit, Alexis avait perdu huit cent mille dollars. Mike était gagnant de cinq cent cinquante mille, Sven de trois cents, et Jeffrey perdait cinquante mille.

Lorsqu'ils s'arrêtèrent, Alexis remarqua qu'aucun repas n'avait été préparé dans la salle à manger voisine.

— Je suis mort de fatigue, dit Mike à Jeffrey.

— Je comprends, répondit Jeffrey.

Il se tourna vers Alexis :

— Mike m'avait dit qu'il voudrait sans doute s'arrêter à minuit.

— Moi aussi, fit Sven. Je me lève à l'aube.

— Du coup, je n'ai pas fait monter à dîner, reprit Jeffrey.

Il s'adressa à Alexis :

— Désolé pour la perte... Si tu veux, on va manger quelque chose tous les deux.

— Je suis épuisé moi aussi, fit Alexis.

— En plus, pour toi, c'est déjà une heure du matin, ajouta Jeffrey.

Ils se quittèrent. Dans le couloir, Alexis s'arrêta pour retarder sa montre d'une heure et au même moment entendit Jeffrey dire à Mike : "Merci d'être venu."

28

11 juillet

Il avait passé la nuit à ressasser sa rage.

Il aurait préféré perdre deux fois plus, mais qu'ils lui parlent d'égal à égal… Que Mike lui tape sur l'épaule et dise : "Sacrée crapule d'Alexis, je te pique tout ton fric, ce soir !" Ou que Sven se lève, lui prépare un whisky et le lui tende en disant : "Pour notre victime consentante, avec nos condoléances."

Cette partie, c'était un truc à la Charlotte. Un pourboire enveloppé de bonnes manières.

Il se leva tôt, consulta son téléphone portable et vit qu'il n'avait ni message ni courrier.

Il en ressentit du dépit. Heureusement, il y avait le concert à l'Albert Hall. Puis viendrait le B16. Le monde entier parlerait du B16 ! Le Berliner… Les plus grands solistes… Les plus grandes voix… Dix CD !

Il imagina le coffret : une boîte d'environ quinze centimètres sur quinze, noire et or, très sobre…

Ils viendraient lui manger dans la main, les Mike et les Sven ! Et il les recevrait comme ils le méritaient… Des grossiers personnages imbus de leur argent ! Jeffrey comme les autres ! Quant à Anne… Une vieille bique et rien de plus.

Il regarda sa montre. Sept heures. Mais il s'agissait de l'heure suisse. Il n'était donc que six heures. Il lui restait encore une heure de sommeil.

Il se recoucha et au même moment entendit qu'on frappait à sa porte. C'était le garçon d'étage qui apportait le chariot du petit-déjeuner avec une heure d'avance. Furieux, il lui tourna le dos et se dirigea d'un pas pressé vers le salon. Le garçon d'étage le suivit en poussant le chariot.

— Je vous sers du café ?

— Je vous signale que vous venez avec une heure d'avance, fit sèchement Alexis. Plutôt que de me servir du café, vous auriez avantage à consulter votre montre.

Les yeux baissés, l'employé répondit :

— Pardonnez-moi. Je croyais avoir lu sept heures.

— Il est six heures, laissa tomber Alexis d'un ton glacial.

Le garçon jeta un coup d'œil à sa montre, fut sur le point de répondre, hésita, dit : "Désolé", et quitta très vite la chambre.

Maintenant, il était en colère. À Londres, les employés d'hôtel ne savaient pas travailler. Et cela ne s'était pas passé dans n'importe quel hôtel ! Dans un des plus grands palaces !

Il alluma la télévision, tomba sur BBC1 et remarqua un cadran de montre en surimpression dans le coin inférieur gauche de l'écran. Il indiquait sept heures et cinq minutes.

Il ferma les yeux et se souvint qu'il avait reculé sa montre dans le couloir, à l'instant où il avait entendu Jeffrey dire son "Merci d'être venu" à Mike.

Le téléphone de sa chambre bourdonna. C'était la réception :

— Nous sommes navrés de l'incident avec notre service d'étage, maestro Kandilis. Croyez bien que cela ne se reproduira pas.

— Oublions cela, fit Alexis.

Il haussa les épaules. Si le garçon d'étage lui avait dit qu'il était sept heures, l'incident aurait été clos.
C'était un idiot, voilà tout.

29

11 juillet

La *Neuvième*, c'était du velours. Est-ce qu'il avait jamais dirigé une *Neuvième* qui ne se soit pas achevée par un triomphe ? En mai, c'était Cleveland et Chicago. Six mois plus tôt, c'était San Francisco. Il se souvint des mots de William Brown, le directeur du San Francisco Symphony : *"He wrote it for you."* Il l'a écrite pour toi.

Pendant que la limousine descendait Park Lane en direction de Knightsbridge, l'attaque du hautbois éclata dans sa tête.

Do ré sol la
Si do fa

Les premières notes des *Chants des enfants morts* revenaient. Il ferma les yeux et s'efforça de respirer lentement. L'intensité de la ritournelle était faible. Mais durant une dizaine de minutes, les sept notes ne le lâchèrent pas. Après quoi elles s'estompèrent en l'espace de quelques secondes.

Il soupira et s'efforça de penser au B16. Le projet ne demandait qu'à être cueilli… Il imagina ce que seraient les commentaires de la presse :

Un monument…

LA *référence…*

Le must de tout mélomane…

Fin septembre paraîtrait sa biographie. Lancement en quatre langues… Douze pays… Grande campagne de promotion aux États-Unis… Interviews à la pelle : CNN, NBC, ABC… Il aimait bien être interrogé en anglais. Deux fois sur trois, le journaliste lui demandait d'où venait son accent américain.

Il eut soudain devant lui l'image de McAlistair. Le professeur d'anglais à l'institut Alderson le regardait en souriant : "Vous avez bien réussi, Kandilis. Je vous félicite." McAlistair disait toujours : "Je voue feylicite…"

La manie le prenait depuis quelques semaines. Dans ses moments de détresse, il se voyait en train de converser avec l'un ou l'autre des professeurs de l'Institut, ou sinon avec Lenny, qu'il aimait bien retrouver. Il leur racontait ses concerts, ses voyages, ses succès, expliquait le détail de ce qui avait pu ne pas se dérouler comme prévu, ou comment il avait redressé une situation, grâce à telle ou telle idée. Ces explications provoquaient des hochements de tête, des sourires d'approbation et des éloges qui apaisaient son angoisse.

Il se demanda ce qu'était devenu McAlistair. Et les autres ? Mme Alderson et sa sœur étaient mortes. Mais Berthier, le facho ? Et Vera D'Abundo, la prof d'italien qui avait couché avec Lenny ? Et Gülgül, le prof de sport qui parlait en roulant les *r* et répétait chaque mot deux fois ?

Il eut devant lui l'image de Gülgül qui dodelinait de la tête : "Vraiment-vraiment, Kandilis, ce que vous faites, c'est forrrmidable-forrrmidable !"

Au moment où il arriva à l'Albert Hall, la ritournelle reprit, cette fois plus bruyante, et le plongea dans un état de désarroi.

Henry Bennett, le directeur, l'attendait à l'entrée des artistes :

— Mon cher Alexis ! Quelle joie !

Pendant qu'ils parcouraient les couloirs qui menaient au foyer des artistes, il constata que les musiciens qu'ils croisaient fuyaient son regard.

Il se tourna vers Bennett :

— Tout va bien ?

— Bien sûr ! fit Bennett avec empressement, *tutto bene*, comme on dit en Italie !

Il sourit, puis inclina la tête de côté, comme pour admettre une faute :

— Je dois dire qu'il y a un peu de nervosité dans l'air, je l'ai senti ce matin en parlant avec quelques membres de l'orchestre. Mettez-vous à leur place... Ils vont jouer sous la baguette du plus grand de tous les chefs ! Il y a de quoi être tendu, vous ne pensez pas ?

À nouveau, il eut un sourire forcé. Au même instant, Alexis sentit enfin le regard d'un des musiciens s'arrêter sur lui. Le jeune homme était debout, les bras croisés, appuyé contre le mur du couloir. Il semblait l'attendre.

Il avait déjà vu ce garçon, il en était certain.

— Je dois pourtant vous dire... reprit Bennett au moment où ils s'éloignèrent du musicien.

Il s'arrêta au milieu du couloir et, les yeux baissés, ajouta d'une voix faible :

— L'incident à Pleyel a laissé des traces...

Alexis le regarda sans comprendre :

— Quel incident ?

— Vous savez, le percussionniste.

— Ça n'a rien à voir ! fit Alexis.
Il était fébrile, prêt à se défaire.
— Le musicien que nous venons de croiser…
C'était donc ça… Le percussionniste qui avait mal anticipé le trajet du son, dans la *Fantastique*, jouait au Royal Albert Hall…
— Je vois, fit Alexis d'une voix blanche.
Ils grimpèrent une volée de marches, poursuivirent en direction des loges et s'arrêtèrent devant une porte sur laquelle un carton indiquait en grandes lettres majuscules MAESTRO KANDILIS. Bennett sortit de sa poche une petite clef plate, s'accroupit, la glissa dans la serrure et voulut la faire tourner. Mais ce fut sans succès. Il se releva, retira la clef et pressa sur la poignée. La porte glissa en douceur.
— Etrange ! s'exclama Bennett. Je suis sûr de l'avoir fermée, hier soir…
Il s'effaça devant Alexis :
— Je vous en prie.
La loge était meublée d'un canapé, de deux fauteuils disposés autour d'une table basse, et d'une coiffeuse.
Sur la table basse, Alexis vit un panier de fruits, deux bouteilles d'eau minérale, ainsi que des couverts.
Sur la coiffeuse se trouvait un rat mort.
Bennett devint blanc. Il saisit le bras d'Alexis et le tira hors de la pièce :
— Mille pardons.
Pendant que Bennett l'entraînait vers la porte, Alexis se tourna et regarda le rat. Il était long d'au moins vingt centimètres.
Bennett ferma la porte à clef :
— Je demande une autre loge.
Incapable de prononcer un mot, Alexis se laissa faire. Il était anéanti.

30

11 juillet

— Tu es là ? Je ne t'entends plus.
— Je suis là, fit Sacha.
— Il est fragile, ajouta Jeffrey d'une voix qu'il voulut aussi douce que possible.
— Comparée à toi, toute la population de la terre est fragile, reprit Sacha. Je t'embrasse.
— Ton sphinx t'embrasse aussi, fit Jeffrey.

Il raccrocha, puis resta pensif durant une longue minute, la main sur le téléphone.

31

11 juillet

C'étaient des lâches et des médiocres. Tout juste bons à faire des coups tordus. De petits coups tordus de rien du tout... Derrière le dos, évidemment... Tout à l'heure, on verrait bien comment ils allaient se comporter, lorsqu'ils seraient devant lui... En toutous... Ils n'étaient rien d'autre que ça ! Des toutous ! Du premier au dernier ! Des médiocres qui avaient rêvé de faire une carrière de soliste et se retrouvaient musiciens d'orchestre. Une vie passée dans la rancœur de rêves inassouvis... À six, sept ou huit ans, ils avaient épaté leurs parents. "Mon fils est un génie !" "Ma fille est une surdouée !" Et voilà que leur carrière se terminait dans l'anonymat d'un corps d'orchestre. Leurs rêves de gloire s'étaient transformés en un échec sans fin. Alors, pour les venger tous, l'un d'entre eux avait posé un rat mort sur une coiffeuse.

Tout cela était d'une médiocrité absolue.

On frappa à la porte de sa loge. C'était Bennett qui venait le chercher.

La tradition voulait que le directeur le présente à l'orchestre.

— Souhaitez-vous que je mentionne l'incident ?

— Surtout pas, répondit Alexis. Ce serait leur faire trop d'honneur.

— Juste deux mots, insista Bennett, pour respecter les habitudes.

À leur arrivée sur le plateau, les musiciens se levèrent. Bennett accompagna Alexis jusqu'au pupitre :

— On ne présente pas maestro Kandilis. Je le remercie de tout cœur d'être ici et vous souhaite une bonne répétition.

Alexis sauta sur le podium, leva le bras, et sans dire un mot à l'orchestre donna l'attaque par une battue à deux temps.

Les premières mesures de la *Neuvième*, un trémolo en *mi-la* joué par les seconds violons et les violoncelles, créaient l'inquiétude. La cassure venait à la quatrième mesure avec l'entrée du premier violon solo :

Mi la
La mi

Le trémolo se passa sans encombre et Alexis abaissa le bras pour donner l'attaque au premier violon solo.

Une fraction de seconde plus tard, il crut défaillir. Le musicien n'avait pas répondu à son injonction. Il s'était décalé d'une demi-seconde. La situation semblait irréelle. Alexis se tourna sur sa gauche et le regarda. Le musicien était imperturbable. L'orchestre suivait le tempo donné par le violon solo. Seconds violons, altos, violoncelles, contrebasses, tous jouaient le morceau à la perfection. Mais ils étaient détachés de sa battue.

Alexis sentit sa bouche s'assécher. Il bougeait le bras et la musique ne suivait pas son geste… Elle arrivait au contre-temps, une fraction de seconde trop tard…

"On en a maté de plus durs que toi, mon coco." Voilà ce que lui disait l'orchestre.

Il déglutit, attendit la huitième mesure, et se cala sur le tempo du violon solo. Mais à la mesure suivante, l'autre récidiva.

Alexis se sentit dans l'irréalité. Devant lui se déroulait un cauchemar dont il était spectateur.

Il laissa jouer jusqu'à la treizième mesure, là où débutait une grande montée suivie d'un *crescendo*, se cala à nouveau sur le tempo du soliste, et rattrapa l'orchestre.

Mais le premier violon provoqua à nouveau la cassure à la 36, après le *glissando* des mesures 34 et 35. Alexis le rattrapa à la 38 et le perdit à nouveau, de la 40 à la 47. Imperturbables, les musiciens le suivaient.

À partir de la mesure 48, le soliste cessa de se décaler. Sa mission était accomplie.

Il avait tué le chef.

32

11 juillet

Ils s'étaient retrouvés au bar de l'hôtel, Bennett, Sonia, Ted et lui. Le directeur de l'orchestre lui avait présenté ses excuses :

— Cela ne se reproduira plus. Les délégués des musiciens vous assurent de leur soutien.

Il n'en avait rien à faire, du soutien des musiciens. Il les vomissait. Du premier au dernier.

— Vous savez comment ils sont, reprit Bennett. Une grande famille. Des garçons et des filles qui entrent dans un orchestre à vingt-cinq ans, passent quarante années à travailler avec les mêmes collègues, sur les mêmes morceaux, dans une même pièce… À la fin, le groupe est si soudé qu'il forme une masse compacte, dure comme un roc.

Il y eut un long silence.

— Les comptes sont soldés, ajouta Bennett. Pour ce qui est de l'animal qui a été déposé dans la loge…

— C'est honteux, fit Sonia.

— J'en conviens, et je vous présente à nouveau toutes les excuses de l'orchestre, celles de notre président, et les miennes. Je n'ai pas réussi à savoir qui a commis cet acte, mais je l'apprendrai tôt ou tard. Tout finit par se savoir dans un orchestre. Son auteur sera licencié sur-le-champ.

— Surtout pas ! s'exclama Sonia. Imaginez si l'incident était rendu public.

— J'espère de tout cœur que ce ne sera pas le cas, reprit Bennett.

Ted le regarda, l'air inquiet :

— Vous m'épouvantez avec votre "J'espère de tout cœur"…

Bennett baissa les yeux :

— J'ai reçu un appel de Jack Masri, du *Financial Times*. Il est au courant.

— Mon Dieu, soupira Ted.

— Tous ces gens se connaissent, ajouta Bennett. Ils se fréquentent. Si Masri veut faire un article sur les rapports entre chefs d'orchestre et musiciens, il le fera… J'ai plaidé pour qu'il ne parle pas du rat. Je lui ai demandé de réfléchir aux conséquences d'un tel article. La vie d'un orchestre symphonique est précaire… Il m'a assuré qu'il me comprenait, mais qu'à son avis, la meilleure façon d'éviter de tels comportements était de les dénoncer, pas de les cacher. Il m'a aussi dit qu'à sa connaissance, il était seul à détenir l'information. Le musicien a dû lui garantir l'exclusivité, pour être sûr qu'il rapporterait l'incident.

— En conclusion ? demanda Ted.

— Il n'a pris aucun engagement. Mais nous risquons un article, demain sans doute. Le journal voudra en parler avant la concurrence.

Alexis était incrédule. Son monde se défaisait sous ses yeux.

— Je connais Masri, reprit Sonia. Je suis sûre qu'il trouvera les mots justes.

— Comment parler d'un rat mort posé sur une coiffeuse ? lança Ted.

— S'il y a une chance infime que le journal ne publie pas d'article, fit Sonia, elle serait due au manque d'espace. Il se pourrait qu'en conférence de rédaction, Masri s'entende dire : "C'est le concert de jeudi ou le rat. Pas les deux."

Bennett se leva et tendit la main à Alexis :

— Je dois y aller. Encore pardon.

Après son départ, Sonia, Ted et Alexis restèrent silencieux, épouvantés par la tempête qui s'annonçait, conscients, aussi, que rien ne pourrait l'arrêter.

Alexis brisa le silence :

— Peut-être que le mieux serait que je me retire.

— Surtout pas ! dit Ted. On te mettrait tout sur le dos. Et on parlerait de l'affaire dix fois plus. Qu'en penses-tu, Sonia ?

— Soyons positifs. Masri fera son article, on en parlera pendant deux jours et ce sera fini. L'essentiel est que le contentieux avec les musiciens ait été soldé. Les répétitions se dérouleront à la perfection et le concert sera un triomphe.

Ted se leva et serra Alexis contre lui puis, les mains sur ses épaules :

— On se verra demain, à la répétition. Sonia a raison. Tout ira bien.

— Et pour le B16 ? demanda Alexis, pas de nouvelles ?

— Rien, répondit Ted. Ne te fais pas de souci. Et puis l'important aujourd'hui, c'est le concert de jeudi. Repose-toi. Tout ira bien.

Son téléphone portable grésilla.

— Vous permettez ?

C'était Jack Masri. Il souhaitait parler à Alexis.

— Qu'est-ce que je lui dis ?

Sonia secoua la tête avec véhémence.

— Il est allé se reposer, fit Ted. Demain, ce sera sans doute plus facile.
Il coupa la communication et regarda Alexis :
— Il vaut mieux que tu évites la presse.

33

11 juillet

Sonia était assise sur le bord du lit :
— Tout ira bien, tu verras.
— Les musiciens sont des salauds.
Elle lui caressa les cheveux :
— Tu es injuste. Ils ont choisi de vivre une vie normale… Ils rentrent chez eux le soir, ils retrouvent leur famille, ils dorment dans leur lit… Ils ne sont pas comme toi.

À nouveau, elle lui caressa les cheveux :
— Ils servent la musique. Comme les moines du Moyen Âge passaient leur vie à copier des textes, alors qu'ils étaient érudits. Que ferais-tu sans eux ?

Alexis hocha la tête :
— Pardonne-moi, pour tout à l'heure. La journée m'a épuisé.
— Ça arrive.

Elle s'habilla, l'embrassa sur la commissure des lèvres et quitta la chambre.

Il resta couché sur le dos, les yeux ouverts, et refit le tour des événements. L'histoire du rat… Les décalages… Demain l'article…

Sa vie lui échappait.

Il ferma les yeux, pensa au corps de Sonia et chercha à obtenir une érection. Ce fut sans succès. Il pensa à d'autres corps de femmes. La jeune réceptionniste n'était pas mal. Il l'imagina qui s'approchait de lui, nue, pulpeuse plus qu'elle ne l'était sans doute, et se masturba encore. À nouveau, ce fut sans résultat. Il essaya de fixer ses pensées sur d'autres corps. En vain.

Il réussit enfin à s'endormir. Mais vers deux heures du matin, la ritournelle des *Chants des enfants morts* lui explosa dans la tête. Il resta figé, dans l'attente qu'elle veuille bien se dissiper.

Elle disparut un quart d'heure plus tard et le laissa comme chaque fois épuisé, honteux des souvenirs qu'elle emmenait à sa suite.

Il se leva, prit une douche, se recoucha, et passa le reste de la nuit sans dormir.

À six heures du matin, il enfila le pantalon et la chemise qu'il portait la veille et descendit dans le hall. Les journaux n'étaient pas encore arrivés. Le concierge de nuit lui indiqua une épicerie située à deux rues de là, dans Curzon Street. Elle ne fermait pas de la nuit et avait sans doute reçu la presse du matin.

— Quel journal souhaitez-vous ? Je peux envoyer quelqu'un.

Il hésita. Le groom pourrait lire l'article… Mais il était si fatigué qu'il accepta la proposition du concierge et remonta dans sa chambre. Cinq minutes plus tard, quelqu'un glissait un exemplaire du *Financial Times* sous sa porte.

Il alla s'asseoir sur le canapé, décidé à chercher l'article avec calme, mais cela s'avéra impossible. La colonne d'appel l'annonçait en première page.

A RAT FOR THE MAESTRO

En dessous, il lut :

Cruelty in a world of harmony
Read p. 37.

Ses paumes devinrent moites. Il chercha fébrilement la page 37, découvrit l'article et le lut en frissonnant.

Le journaliste faisait état de "divergences" entre Alexis et l'un des membres de l'orchestre. "Les musiciens des grands ensembles sont désormais conscients de leur pouvoir", disait l'article. Masri ne parlait pas des décalages et l'histoire du rat était présentée en peu de mots.

"A bad joke", concluait Masri.

Une blague de mauvais goût. Les lecteurs du *Financial Times* sauraient interpréter ces mots. Le musicien à qui l'on devait cette "blague" n'était qu'un malotru. Surtout, le journaliste ne mettait pas Alexis en cause. "Un des plus grands chefs", c'est ainsi que Masri parlait de lui.

L'article n'était pas méchant, et Alexis reprit courage. Mais après un moment d'apaisement, il replongea dans l'angoisse. Le monde des grands orchestres n'était qu'un village. Trente ensembles, quarante au plus, où chacun connaissait tout le monde. Demain, le jour même, avant midi sans doute, l'Europe symphonique tout entière saurait que Kandilis s'était fait mettre au pas par des musiciens d'orchestre. Quelques heures plus tard, ceux du Boston Symphony, du New York Phil, comme on l'appelait, ceux de Cleveland, Chicago, Philadelphie, Los Angeles, les musiciens de tous les orchestres qu'il avait dirigés sauraient qu'à Londres, on lui avait fait mordre la poussière.

Il resta prostré sur le canapé, le journal posé à côté de lui, terrorisé à l'idée de retourner au Royal Albert Hall.

Comme à l'Institut, le jour où Lenny était venu dans sa chambre, et après il n'osait plus en sortir, tant la honte était grande. Si grande qu'elle l'avait hanté durant toute sa vie et le hantait encore.

Vers huit heures et demie, il ressentit un violent besoin de café. Il prit en main le combiné du téléphone et chercha le bouton marqué *room service*. Mais il eut peur d'avoir à affronter le garçon d'étage de la veille et de s'entendre dire : "Vous faites le malin lorsqu'on vous apporte le petit-déjeuner à temps et vous vous écrasez lorsqu'on vous sert un rat mort…"

Il raccrocha et retourna s'étendre sur le lit.

À neuf heures exactement, son portable grésilla. C'était Sonia. Elle trouvait l'article "plutôt drôle, très en ta faveur" ! Elle lança en riant :

— Tu vois que j'avais raison ? Tout va bien se passer. Je viendrai à la répétition cet après-midi.

Elle ajouta qu'elle avait parlé à Ted et qu'il pensait comme elle.

Il commanda du café. Le garçon d'étage n'était pas celui de la veille, et cela contribua encore à le rassurer.

Il décida de téléphoner à Jeffrey. La partie ne s'était pas déroulée au mieux, mais Jeffrey y avait mis du sien. Il lui glisserait une phrase qui l'inciterait à l'inviter à nouveau, histoire d'effacer un mauvais souvenir. Sans doute que Jeffrey était très occupé et serait indisponible. Il essaierait une fois ou deux, puis dicterait un message. Ainsi les choses seraient dites avec sobriété, ce que sans doute Jeffrey apprécierait.

Jeffrey prit l'appel à sa première tentative :

— Alexis ! Ravi de t'entendre. Comment vas-tu ? Tes musiciens ne te donnent pas trop de fil à retordre ?

Il avait lu l'article. Alexis aurait voulu lui dire qu'il avait trouvé la blague presque drôle, mais Jeffrey le coupa de façon inattendue :

— J'ai quatre personnes en face de moi et deux qui attendent dans la pièce à côté. On se rappelle ?

Alexis resta muet, le téléphone à la main.

Il pensa à l'appel de Sonia. Elle avait trouvé l'article plutôt drôle et l'avait assuré que tout irait bien. Elle était bien placée pour juger de la situation. Peut-être même mieux que quiconque. Et puis il y aurait le B16. À l'instant où la WMC annoncerait qu'elle lui attribuait le projet, ses angoisses se dissiperaient. Ce n'était sans doute qu'une question d'heures. Au pire de quelques jours.

Il ressentit soudain le besoin d'appeler Wassermann. Un besoin impératif. Il fallait qu'il l'appelle tout de suite. Dans la minute.

Il tomba sur sa boîte vocale et bégaya un mensonge : il voulait de ses nouvelles, cela faisait longtemps, et il le rappellerait dans quelques jours. Il s'en voulut d'avoir appelé. C'était un faux pas, et cette constatation le rendit plus fébrile encore. Cinq minutes plus tard, il n'y tint plus et appela la secrétaire de Wassermann. Elle lui répondit sans chaleur. M. Wassermann était en réunion. Il prenait ensuite l'avion pour New York et serait occupé par une discussion téléphonique prévue durant son transfert à l'aéroport. Mais elle lui ferait part de son appel.

Il raccrocha et appela Sonia. Il ne la trouva pas et lui laissa un message : "Merci d'être restée hier soir, cela m'a fait très plaisir, je t'assure."

Il s'étendit sur le canapé et resta les yeux dans le vague, le cœur battant.

Vers dix heures, la ritournelle recommença. Mais elle était faible et disparut après quelques minutes.

À dix heures et quart, il entendit le téléphone de sa chambre sonner. C'était le concierge de l'hôtel :

— Bonjour maestro. J'ai un appel du *Daily Telegraph*. Souhaitez-vous répondre ?

— Non, fit Alexis. Aucun appel.

— Parfaitement, maestro. Je les retiens.

Tout le monde avait lu l'article.

Vers onze heures il appela sa mère. La ligne était occupée.

Vers midi, il l'appela à nouveau. Maintenant, le téléphone sonnait dans le vide. Il la chercha sur son portable, sans succès.

Il se fit monter à manger, pâtes et poulet, des sucres lents, comme chaque fois avant une répétition ou un concert. Il anticipa sa journée et un petit éclair de plaisir le secoua. Sans doute que tout irait bien. Il répéterait le dernier mouvement l'après-midi, orchestre et chœur, et les parties chantées avec solistes le soir. Les choses pouvaient basculer très vite dans le bon sens. Il suffirait que Wassermann l'appelle et lui annonce la bonne nouvelle !

À cet instant, son téléphone grésilla. Wassermann ! Mais non... Ce n'était que Ted :

— Tu vois que Sonia avait raison ! C'est pour cela qu'elle est ma collaboratrice ! Je te rappelle pour autre chose. Tu as cherché à joindre Wassermann ?

Alexis se sentit liquéfié :

— Il t'a appelé ?

— Pas lui, sa secrétaire. Je crois qu'il passe une période chargée... Il vaut mieux ne pas trop le solliciter.

— Chacun d'entre nous a de telles périodes dans sa vie, fit Alexis, c'est normal. Rassure-toi, je ne l'appellerai plus. Mais dès que tu as des nouvelles, tu me les donnes, n'est-ce pas ?

— Dans la minute, répondit Ted. Rassure-toi.

Il resta immobile sur sa chaise, à nouveau mort de peur.

Quelques instants plus tard, son portable grésilla. C'était Charlotte :

— L'article fait le tour des services. La moindre petite secrétaire me regarde d'un air insolent. Ah ça ! Je peux te dire merci ! Je n'ai jamais vu une atmosphère si joyeuse à la banque !

Il raccrocha sans répondre.

34

12 juillet

Il regardait le chariot du petit-déjeuner d'un air absent.
— Cela vous convient ?
Il ne répondit pas. Le garçon d'étage n'était pas celui qu'il avait malmené deux jours plus tôt. Sans doute que celui-ci avait eu vent de l'incident, car il parlait d'une voix tendue :
— Café, lait chaud, viennoiseries…
Il pointait du doigt ce qu'il énumérait, retirait chaque fois le bras d'un petit mouvement nerveux, puis pointait à nouveau :
— Beurre, confitures, jus de pamplemousse…
Un exemplaire du *Financial Times* était posé sur le chariot.
Alexis secoua deux fois la tête :
— Je n'ai pas demandé le journal.
— Souhaitez-vous que je vous en débarrasse ?
Alexis secoua à nouveau la tête et leva les yeux sur le garçon. Celui-ci le regarda à son tour, puis d'un coup saisit une petite chaise, la posa devant le chariot, lança "Bonne journée", et quitta la chambre en courant presque.
Alexis se saisit du *Financial Times* et le lança avec force en direction du mur.
Le journal se sépara en deux parties et Alexis lut le titre du deuxième cahier : "Companies and Markets."

Il savait que la section "Arts" se trouvait à l'avant-dernière page du premier cahier. Il hésita à ouvrir le journal pour s'assurer qu'il n'y avait pas d'article. Mais il n'osa pas, s'assit sur la petite chaise et se servit du café.

Les répétitions de la veille s'étaient bien passées. Le chœur et les solistes s'étaient montrés impeccables et il n'y avait pas eu de commentaires sur le papier de Masri.

Il regarda l'heure affichée sur l'écran de télévision. Huit heures et quart. La générale était programmée à trois heures. Il fallait tenir. Ne pas se laisser submerger par la terreur. Ne pas faire cas de la ritournelle. Ne pas arriver défait, surtout.

Un appel de Wassermann aurait changé bien des choses. Le coup de fil viendrait, bien sûr. "Ne te fais pas de souci pour ça", lui avait dit Ted. Peut-être même qu'il était au courant... Wassermann tenait sans doute à lui annoncer la nouvelle lui-même... Il était très occupé... En fait, il se rendait à New York... Ou alors Wassermann se gênait de l'appeler. La générale d'une First Night à l'Albert Hall, ce n'était pas rien... Si tout se déroulait correctement, il rappellerait Wassermann après la générale. Depuis sa loge. Cela donnerait à son coup de fil un caractère professionnel. Presque institutionnel. Avec le décalage horaire, il serait près de onze heures du matin à New York... Un moment parfait pour avoir une conversation amicale. "Je vous appelle de l'Albert Hall, où il y a quelques minutes à peine..." et ainsi de suite. Wassermann parlerait, pour sûr.

Cette perspective le requinqua. Il téléphona à Sonia et lui lança d'un ton enjoué :

— Alors ! Rien dans le *Financial Times*, ce matin ?

Elle rit. Non bien sûr, il n'y avait rien. Elle aussi s'était précipitée pour lire le journal.

Elle était donc inquiète.

— Je dois filer, reprit Sonia. On se voit à la générale !

Il resta prostré sur la petite chaise, les yeux dans le vide.

Cinq minutes plus tard, il alla chercher le journal et se mit à le feuilleter. Il tourna les pages incapable de lire un seul article jusqu'au bout, puis alla s'étendre sur le lit dans l'attente que le temps passe.

Vers onze heures, son portable grésilla. Le pictogramme annonçait un courriel.

Il l'ouvrit. Son cœur bondit. C'était le secrétariat de Wassermann. Le texte disait ceci :

Cher Monsieur,
Du fait du décalage horaire M. Wassermann m'a fait parvenir le courrier ci-joint, en me priant de vous le transmettre à une heure décente (il ne souhaitait pas vous réveiller ou vous déranger).
Recevez, cher Monsieur, mes salutations respectueuses.

Klara Schmid

Alexis respira profondément et fit dérouler le reste du courriel sur le petit écran.

Mon cher Alexis,
Je sais que tu as cherché à me joindre, sans doute à propos du B16.
Je ne souhaite pas jouer à cache-cache, ce ne serait pas digne de notre amitié. Je t'informe donc que nous avons décidé de confier le projet à Akrashoff.
Cela n'exclut en rien de futures collaborations avec toi. Mais les impératifs d'image d'une maison comme World Music Corporation, surtout pour un projet aussi "universel" qu'une intégrale de Beethoven, nous ont amenés à prendre

cette décision. Le conseil d'administration de notre groupe a été catégorique : "No controversy." *C'est la règle…*

Je ne souhaitais pas t'annoncer notre décision avant la First Night. *Mais je crois qu'il vaut mieux clarifier certaines choses avant que l'incertitude ne prenne une place indue.*

Je sais que tu es un homme de grande stature, c'est pourquoi je te dis les choses en toute franchise.

Je souhaite que très vite d'autres projets nous réunissent. Bien à toi,

Steve Wassermann

Pour Klara : copie de ce message à Ted et à Sonia.

Dans la confusion des émotions qui se bousculaient, dans le trop-plein de tristesse, d'humiliation et de rancœur, ce qu'à cet instant Alexis ressentit de plus fort fut l'immense fatigue qui s'abattit sur lui.

Il n'en pouvait plus.

Il resta étendu durant une heure. Son téléphone grésilla à deux reprises. Il tourna chaque fois la tête en direction de l'écran, vit qu'il s'agissait de Sonia, puis un quart d'heure plus tard de Ted, et ne prit aucun des appels. Deux fois une vibration annonça un message, et à nouveau il ne donna pas suite.

Vers midi, avec une lenteur immense, il alla dans la salle de bains, s'assit sur la cuvette et se mit à trembler. Où trouver le courage de quitter sa chambre ? Chaque personne qu'il croiserait, les clients de l'hôtel, le concierge, le préposé à l'entrée des artistes, tous se diraient : "Cet homme a été humilié. Il a été bafoué. Cet homme est un déchu."

Comme lorsque Lenny était venu dans sa chambre et qu'il était resté prostré, terrorisé à la perspective d'affronter ses camarades.

35

12 juillet

— Tu vas faire un malheur !
Sonia le regardait en souriant :
— La générale était formidable !
Elle avait raison. Il avait dirigé la symphonie de façon magnifique, dans une sorte de désespoir. Au terme du dernier mouvement, le chœur et l'orchestre l'avaient ovationné.

Dans la voiture, Sonia posa sa main sur la sienne :
— À la lecture des critiques du concert, ils vont se mordre les doigts, à la World Music Corporation !
Il ne répondit pas.

36

12 juillet

— C'est noté, fit Ted, merci.
— On se voit demain, tu viens au concert ?
— Bien sûr.
Sonia raccrocha. Ted n'en avait rien à faire, que la générale ait marché ou non. Au concert, la salle serait pleine, le public conquis et le succès garanti.

Ils étaient usés, Ted et elle. Trop de grands noms, de grandes salles, et de grandes œuvres. Trop de concerts. Trop de voyages. Trop d'enregistrements.

Des montreurs d'ours, voilà ce qu'ils étaient devenus.

37

13 juillet

Il dormit d'un sommeil émietté, traversé de rêves ridicules. Tantôt c'était Wassermann qui lui racontait quelque chose de drôle. Tantôt sa mère lui mettait en bouche des böreks froids. Il rêva de Lenny, qui lui parlait sans qu'aucun son ne sorte de sa bouche.

Au matin, il était sans force, terrorisé à la perspective du concert.

Il resta la journée entière étendu sur le canapé. Les quarts d'heure duraient des heures. Il ne lut pas, ne regarda pas la télévision et ne répondit à aucun des appels qui arrivèrent sur son portable.

Vers onze heures, le téléphone de sa chambre sonna. Il demanda au standard qu'on ne le dérange plus.

Vers cinq heures, il commanda à manger mais ne toucha à rien.

Une heure plus tard, il se leva et dans un immense effort entreprit de se laver et de s'habiller.

38

13 juillet

Arrivé dans sa loge, il enfila son frac, s'assit sur la banquette de la coiffeuse et resta immobile, le regard fixe sur la partition ouverte devant lui. D'un coup, il transpirait à grosses gouttes.

— Alexis, tu vas bien ? demanda Ted d'une voix douce.

Sonia posa la main sur son épaule et le secoua, d'abord avec délicatesse, puis, comme il ne réagit pas, de façon plus ferme :

— Alexis ! Réponds ! Pour l'amour du ciel !

Il resta silencieux, le regard toujours fixe sur la partition.

Sonia se précipita dans le couloir et tomba sur l'un des garçons d'orchestre :

— Le médecin de garde ! Vite !

Elle retourna dans la loge en courant. Alexis était en nage.

Quelques instants plus tard, un jeune homme arriva, essoufflé :

— Je suis le docteur Mark Bucket, médecin de garde. On me signale une urgence.

Il observa Alexis d'un coup d'œil rapide, puis se tourna vers Sonia :

— Il a ça souvent ?

— Je ne crois pas.

— Est-ce qu'il a un motif particulier d'être inquiet ?
— Plusieurs, répondit Sonia.
Ted et Bennett arrivèrent en courant.
— Que se passe-t-il ? demanda Bennett.
— Une attaque de panique, fit Bucket.
Bennett devint blanc.
— Alexis, tout ira bien, fit Ted.
Il n'obtint pas de réponse.
— Vous avez vu la salle ? demanda Bennett. Six mille personnes…
— Je vais lui faire une piqûre de Lorazepam, dit le médecin, un anxiolytique à effet rapide.
— C'est-à-dire ? lança Bennett.
— Dix minutes, peut-être quinze.
Il ouvrit sa trousse :
— Le genre de médicament que j'ai toujours lorsque je me rends dans une salle de spectacle.
Ils le regardèrent soigner Alexis.
— Il est moins huit, fit Bennett. Les musiciens et les chœurs attendent en coulisses. Je les fais venir sur le plateau ?
— Il se remettra très vite, répondit Bucket. Pour le reste…
Sonia eut un geste fataliste :
— Il dirigera avec partition, voilà tout. L'orchestre connaît l'œuvre par cœur. Tout ira très bien.
— Ce n'est pas l'orchestre qui m'inquiète, dit Ted, c'est le chœur.
Il y eut un silence. Bennett était pensif, les yeux au sol. D'un coup il lança : "On y va !", quitta la loge et tomba sur le chef de plateau :
— Orchestre et chœurs en place. On commencera avec quelques minutes de retard.

Il fit deux pas en direction de la scène et jeta un coup d'œil à la salle. Six mille personnes occupaient chaque coin et recoin de l'Albert Hall. À mi-hauteur, la section Arena avait été vidée de ses sièges et transformée en *standing room*[1].

Bennett déglutit, secoua la tête et retourna dans la loge.

— Il va mieux, lui glissa Ted.

Alexis, les yeux clos, respirait calmement. Il ne transpirait plus.

— Il faut encore attendre un peu, fit Bucket. Je crois que ça ira.

Bennett regarda sa montre. Huit heures trois.

Ils restèrent debout, les yeux fixés sur Alexis.

Deux minutes plus tard, Alexis ouvrit les yeux :

— Je suis désolé…

Le médecin s'adressa à Ted :

— Donnez-lui dix minutes.

— Je vais faire une annonce, lança Bennett.

Il quitta la loge, se dirigea vers la scène et demanda un micro mobile au chef de plateau.

Debout à côté du podium, il demanda au public de bien vouloir "excuser le Royal Albert Hall pour une défaillance technique, l'affaire de quelques minutes".

Il retourna dans les coulisses et tomba sur Ted qui sortait de la loge :

— Il dirige toujours sans partition. Mais là, ce n'est pas possible. Il a accepté.

— Je fais installer un lutrin, annonça Bennett.

Il repartit en direction de la scène. Ted retourna à la loge, ne trouva pas Alexis et regarda Sonia, l'air effaré.

— C'est bon, fit Sonia. Il se rafraîchit.

---

1. "Zone debout."

Au même moment, la porte de la salle de bains s'ouvrit sur Alexis. Il était blanc.

— Je fais installer le tabouret de répétition sur le podium, fit Ted.

Alexis dirigerait la First Night assis. Ce n'était pas glorieux.

Il ne protesta pas.

Une minute plus tard, Ted était de retour :

— J'y vais ? demanda Alexis.

— Donnez-vous encore un peu de temps, fit Bucket. Buvez un verre d'eau et asseyez-vous.

— La partition ! s'exclama Sonia.

À nouveau Ted sortit, appela l'un des garçons d'orchestre et lui remit la partition.

Ils attendirent une minute. Alexis se leva. Sonia le serra contre elle.

— Ça ira, répondit Alexis.

Il entra sur scène en y mettant toute l'énergie qu'il put. Arrivé près du podium, il se sentit chanceler et prit appui sur le lutrin. Les musiciens et les choristes se levèrent. Dans l'instant qui suivit, la salle le salua par un tonnerre d'applaudissements. Il serra la main du premier violon solo, s'assit sur le tabouret, ouvrit la partition et posa les yeux sur la première page.

Il connaissait la symphonie par cœur. Cette histoire de partition était ridicule.

Il referma le livret, leva les bras, et jeta un coup d'œil circulaire sur l'orchestre. Les musiciens étaient avec lui.

Il abaissa la baguette d'un petit mouvement du poignet. Les violons et les altos lancèrent leur frémissement. Un, deux, trois et quatre.

Attaque des premiers violons.

Mi la
La mi

C'était impeccable.
La *Neuvième* emplissait le Royal Albert Hall de toute sa puissance.
L'orchestre jouait à merveille.

Entrée des *tutti*[1]. Grand *crescendo*.

---

1. Tous les musiciens jouent.

39

13 juillet

Le concert approchait de la fin.

Tout s'était déroulé sans encombre. Au cours du troisième mouvement, Alexis avait même vécu un moment de grâce. Était-ce l'effet de la fatigue, d'une sorte de relâchement, il avait dirigé le *cantabile* avec une douceur nouvelle. Le thème central,

Fa mi
Fa sol mi sol fa
Sol la fa la sol,

repris par les premiers violons, lui avait semblé monter droit au ciel.

Le hautbois avait repris le thème avec une délicatesse extrême, suivi par la flûte solo. Dans sa fatigue, Alexis s'était abandonné à la musique et à l'orchestre. Tout se passait comme dans un rêve.

Mais il était au bord de l'effondrement, anéanti par les effets du calmant, la fatigue des trois premiers mouvements, et la tristesse, bien sûr, la tristesse immense que lui causait la perte du Bi6. Trempé de sueur, la chemise mouillée sous son frac, il avait la gorge sèche.

Une première alerte se produisit à la mesure 449, là où l'entrée des violoncelles provoque une rupture. Alexis eut une hésitation sur la mesure, omit d'annoncer l'attaque, et dans la seconde qui suivit se sentit perdu, à la fois parce qu'il comprit son erreur et constata que les violoncelles avaient exécuté leur entrée de façon parfaite. C'était l'orchestre qui le dirigeait. Il se faisait corriger.

La semaine écoulée défila comme un éclair. La partie de poker avortée. L'histoire du rat. Les décalages de la première répétition. L'article du *Financial Times*. La perte du B16. Et maintenant la crise de panique, le retard du concert, le tabouret apporté en dernière minute, celui qu'on réservait aux chefs très âgés, et pour finir l'entrée ratée des violoncelles…

Il devait tenir. Le quatrième mouvement était le plus ardu. Vingt-cinq minutes d'une intensité inouïe pendant lesquelles il fallait avoir l'œil partout : orchestre, chœurs, solistes…

Il rassembla toutes ses forces, décidé à anticiper chaque départ, et y parvint à la perfection. Jusqu'à ce qu'à quelques minutes de la fin, un regard, un simple regard, dérègle la mécanique de la symphonie et déclenche la catastrophe.

À partir de la mesure 659, les quatre voix du chœur se retrouvent, mais leurs entrées se font par paliers. Les voix de femmes démarrent à l'unisson sur le temps, au 659, avec des textes différents :

Les sopranos chantent :

Wir betreten feuertrunken
Himmlische dein Heiligtum

Le texte des altos dit :

Diesen Kuss der ganzen Welt !
Seid

Les ténors doivent se caler sur le *Seid* des altos au demi-temps de la mesure 661, alors que les basses reprennent le refrain

Freude, schöner Götterfunken

sur le temps fort de la 662.

Par crainte de rater l'entrée des ténors, Alexis leva les yeux sur eux à la mesure 660. Ils démarrèrent à son regard, au temps fort de la 661. Une demi-mesure trop tôt... Les basses leur emboîtèrent le pas, les voix de femmes poursuivirent leur ligne de chant, et les deux voix d'hommes firent de même. Mais entre les premières et les secondes, le décalage d'une demi-mesure dura près de quarante secondes.

Un temps infini.

Le monde s'écroulait.

Assise entre Jack Masri et Ted, Sonia devint blanche. Ted et le journaliste se redressèrent sur leur siège.

Un décalage dans une partie chorale, c'était une plongée en enfer, irrattrapable par n'importe quel chef.

Qui parmi les six mille spectateurs avait remarqué le carambolage ? Dix personnes, peut-être quinze. Mais plusieurs choristes, les traits tendus, se mirent à jeter des coups d'œil angoissés à leurs voisins. Les musiciens regardèrent soudain Alexis avec inquiétude. La salle sentit qu'il se passait quelque chose d'inhabituel. Alors Sonia et Ted comprirent que le mal était irréparable. Que les journaux diraient : "À la First Night des Proms, un carambolage incroyable s'est produit peu avant la fin du dernier mouvement." Ce serait la catastrophe, et le monde entier en parlerait.

Pourvu qu'il tombe, se dit Sonia. Qu'il s'écroule, là, à la seconde. Les gens diront : il a eu un malaise. Tout le monde peut avoir un malaise. Du reste, le concert avait débuté avec vingt minutes de retard. La preuve qu'il avait un problème de santé… Mais il fallait qu'il tombe maintenant. Sur le podium. La situation pourrait même être retournée à son avantage. On dirait : "Alexis Kandilis est un immense professionnel, prêt à se consumer entièrement au service de la musique. Il a voulu diriger malgré sa maladie." Elle négocierait avec Masri l'exclusivité d'une interview pour un article qui irait dans ce sens. Elle se battrait. Elle ferait l'impossible et plus encore.

Mais Alexis ne s'écroula pas. Le regard perdu, il continua de diriger une *Neuvième* qui s'achevait dans une cacophonie épouvantable.

Enfin, quarante secondes plus tard, à la mesure 693, les voix se calèrent. Les sopranos retrouvèrent les altos au *Freude*, les basses se calèrent sur les ténors au temps fort de la 694, et tout fut à nouveau en place. Les cinq dernières minutes de la symphonie se déroulèrent à la perfection.

Après la dernière note, il y eut quelques secondes de silence. La salle était interdite. Désemparée par tant d'émotion. Puis d'un coup elle explosa.

La violence de ses bravos dépassa tout ce que l'on pouvait voir ou entendre à la fin d'un concert. Le public se libérait de l'angoisse accumulée. Il hurlait : "Nous sommes vivants ! Nous avons connu l'extase, puis avons frôlé la mort, mais nous sommes là ! Plus vivants qu'avant ! Plus forts qu'avant !"

Alexis se dit que c'était gagné. Que cette *Neuvième* magistrale lui assurait le B16. Puis dans la fraction de seconde qui suivit, il se souvint que c'était terminé. Que le succès du concert n'y changerait rien. Et à nouveau il se sentit écrasé par une fatigue immense.

Il y eut neuf rappels et il dut chaque fois prendre le bras de la mezzo pour effectuer le trajet jusqu'aux coulisses et revenir saluer.

Au bout de douze minutes, les applaudissements s'arrêtèrent. Sonia et Ted l'accompagnèrent à sa loge.

— Tu veux sans doute prendre une douche ? demanda Sonia.

Il secoua la tête :

— On rentre.

— Tu es blanc, rafraîchis-toi.

Il eut un geste d'impatience.

Il s'assit dans la loge pendant qu'elle empaquetait ses affaires. Quelqu'un frappa. C'était Bennett :

— Alexis… Je voudrais vous remercier…

— Vous avez vu la réaction du public ? lança Sonia. C'était une *Neuvième* d'exception.

— Mille et un mercis, fit Bennett.

Il partit vite, et Sonia comprit qu'il n'avait aucune envie qu'elle l'interroge sur une future invitation.

— C'était un succès historique ! fit Sonia dans la limousine. Je t'assure !

Il ne répondit pas.

— Tu veux que je vienne déjeuner ? reprit Sonia. Ou plus tard, pour le thé ?

Il fit non de la tête.

40

14 juillet

Il ne quitta pas sa chambre. Durant trente-six heures. Il ne mangea rien, but un peu d'eau gazeuse et resta étendu, dans une solitude absolue, en pensant avec terreur à ce qui l'attendait.

41

15 juillet

Sonia arriva à la Promenade avec dans les bras une pile de journaux qu'elle serrait contre sa poitrine, comme pour dire qu'elle les aimait, que ce qu'ils contenaient était doux.

Durant une demi-heure, elle lui fit la lecture à voix basse.

Pour la plupart, les articles étaient élogieux. Ils ne parlaient ni du retard pris par le concert ni du décalage. Mais deux journaux faisaient exception. Dans le *Financial Times*, Jack Masri écrivait : "Ce jeudi soir au Royal Albert Hall, les six mille spectateurs venus voir et entendre la First Night garderont le souvenir bouleversant du plus grand chef d'orchestre vivant, Alexis Kandilis, aux prises avec l'angoisse."

L'article revenait sur le retard qu'avait subi le concert à la suite d'un malaise du chef, et sur sa conséquence logique, une erreur de direction qui déclencha un décalage dans l'une des parties les plus complexes de l'œuvre. "Sinon, disait encore Masri, la symphonie était rendue dans la manière que nous connaissons chez Kandilis : en transparence, avec une rare élégance et dans la précision qui fait sa marque."

L'article se terminait par ces mots : "Jamais une soirée aux Proms ne m'aura autant pétri d'émotion."

"Tu vois", dit Sonia en achevant la lecture, "c'est gagné ! Les gens vont t'aimer plus encore."

Il ne répondit pas. Le public, peut-être. Mais ceux de la profession feraient de l'article une tout autre lecture : "Peut-on encore miser sur Kandilis sans prendre un risque inconsidéré ?" Voilà ce qu'ils se diraient.

L'article du *Herald Tribune* était ouvertement hostile. Intitulé "The Kandilis Mystery", il revenait sur le conflit qui avait opposé Alexis au percussionniste, reprenait les incidents de la semaine écoulée, et concluait par cette question : "Que vous arrive-t-il, maestro Kandilis ?"

— À la fin de l'été, personne n'en parlera plus, dit Sonia.

Ils restèrent silencieux durant deux ou trois minutes, après quoi il se racla la gorge avant de demander :

— Tu ne crois pas qu'on pourrait organiser une interview ?

— Je l'ai suggéré à Ted, répondit Sonia, l'air embarrassé. Il préfère attendre septembre.

Eux aussi le lâchaient.

Il insista pour qu'elle ne l'accompagne pas à l'aéroport.

Au moment où la limousine s'arrêta devant le terminal du City Airport, il eut très envie de parler à McAlistair. Dès qu'il aurait un instant de tranquillité, dans l'avion, ou peut-être même avant, il lui exposerait sa situation.

Après avoir passé le contrôle de police, il alla s'asseoir dans un coin de la salle d'attente et, les traits tendus, résuma à McAlistair les événements des quatre derniers jours. Après lui avoir fait une synthèse des articles de presse, il rapporta les derniers propos de Sonia : "Ted préfère attendre septembre. – Franchement", demanda

Alexis, "vous ne trouvez pas ça dégueulasse ?" Il avait hésité à dire "injuste", car en temps normal, l'utilisation du mot "dégueulasse" lui aurait valu d'être puni. Mais avec McAlistair, la complicité était forte. Alors, malgré une légère angoisse, il s'était décidé à user du mot.

42

15 juillet

Pas une minute de toute la journée. Pardon.
Serai à Saint-Pétersbourg en fin de journée. Te fais signe à peine j'atterris.

J.

Jeffrey relut son texto, hésita, puis ajouta :

Au courant de ce qui s'est passé au Royal Albert Hall avant-hier soir ?

43

15 juillet

Mon Sphinx,

Sacha relut les mots qu'il venait de taper sur l'écran de son portable et se souvint.

La scène avait eu lieu cinq ans plus tôt, dix jours après leur première nuit. Jeffrey était retourné à Saint-Pétersbourg. "J'ai deux heures", lui avait-il dit. "Fais-moi connaître l'endroit de la ville que tu aimes le plus." Sacha l'avait emmené au quai Robespierre, d'où l'on pouvait voir Kristyi, la grande prison devant laquelle la poétesse Anna Akhmatova venait chaque jour lire ses poèmes et tenter d'apercevoir son fils. En bordure de quai, deux grands sphinx de pierre étaient disposés l'un face à l'autre.

"Ici, d'un seul coup d'œil", avait dit Sacha à Jeffrey, "on peut capter toute l'âme de notre peuple. Staline et Anna Akhmatova, fondus en un seul être, voilà ce que nous sommes. Habités par le besoin de détruire autant que par la poésie."

Jeffrey l'avait alors pris dans ses bras. Lorsqu'il avait quitté l'étreinte, Sacha avait désigné les sphinx d'un geste du menton : "Tu es comme lui. Imperturbable. Et très beau."

Il soupira et poursuivit l'écriture de son texto :

Je suis au courant, pour Londres.
Tu as de la chance d'être si fort.
Je t'aime,

SACHA

44

16 juillet

— Cela te fera du bien !

Charlotte avait laissé tomber les mots de son petit air entendu, comme si Alexis lui avait annoncé qu'il allait faire un tour jusqu'au lac ou déjeuner au Neptune. La perspective de le voir habiter l'hôtel "durant quelques jours, au plus quelques semaines" l'avait soulagée. Elle y vit même un bénéfice. Aux yeux de ses collègues, les tribulations d'Alexis trouveraient enfin une explication honorable : "Vous ne pouvez savoir à quel point il était épuisé ! Alors je lui ai dit : «Va donc à l'hôtel quelques jours ! Sans moi ! Fais-toi chouchouter !» La vie d'un chef d'orchestre est harassante, mais harassante... Il a besoin de souffler, le pauvre homme." D'un coup l'idée lui plut infiniment : elle allait présenter le départ d'Alexis comme la marque de leur complicité.

Elle lança, l'air détaché :

— Tu penses y aller quand ?

— Ce soir.

Elle resta silencieuse. Il ajouta :

— J'irai au Beau-Rivage.

— Ah ! fit Charlotte, très bien !

C'était parfait. Le Beau-Rivage, cela faisait hôtel de villégiature. Un endroit idéal pour se reposer.

— Tu vas parler à Pierre ?
Il ne répondit pas.
— Tu l'as dit à ta mère ?
Il se leva :
— Tu diras à Pierre de m'appeler…
Il monta faire son bagage et appela un taxi, étonné de se voir ainsi quitter la maison.

45

16 juillet

À l'hôtel, le directeur l'accueillit avec les honneurs :
— Je me suis permis de vous mettre dans une de nos plus belles suites. Nous sommes si contents de vous avoir...

Il le conduisit à un appartement splendide qui donnait sur le lac. Alexis s'y installa sans plaisir, ne défit pas son bagage, et passa l'après-midi étendu sur le lit, à zapper.

Vers six heures, il reçut un appel de Pierre :
— Maman m'a dit que tu étais à l'hôtel pour quelques jours. Ça va ?

Tout allait bien. Il devait prendre un peu de repos.
— Compris, fit Pierre. À bientôt !

Il attendit sept heures et appela Anne. Son téléphone sonna jusqu'au message d'accueil. Il balbutia quelques mots malhabiles, de ceux auxquels on ne donne pas suite, car on comprend qu'ils masquent une détresse, et qu'on a déjà assez à faire avec ses propres soucis.

Il coupa la communication et repensa à Pierre. Son fils n'avait pas fait grand cas de son départ... Sans doute qu'il recevait la monnaie de sa pièce. Avait-il jamais marqué un quelconque intérêt pour ce qui touchait à la vie de son fils ? Non, bien sûr... Cela dit, il ne pouvait pas se trouver au même moment à New York ou Dieu sait où et à Genève ! S'il n'avait jamais suivi de près les notes de Pierre à l'école, s'il ne savait pas qui étaient ses amis, s'il était tenu éloigné des chamailleries qu'il avait avec sa mère, c'était parce qu'il travaillait ! Et avec quels efforts ! Pour lui préparer le meilleur avenir possible ! En définitive, Pierre n'était qu'un enfant pourri… Un ingrat, indifférent aux efforts que faisait son père pour lui offrir une vie de rêve.

Cette réflexion le mit en colère. Il fallait qu'il pense à autre chose.

La perspective d'une partie de poker lui apparut comme un salut. Mais la dernière soirée avec le Cercle des Trente lui avait laissé un goût amer. Ils l'avaient traité par-dessus la jambe, voilà la vérité ! Appeler Jeffrey maintenant, c'était lui dire : vous m'avez reçu comme un moins que rien. Pas question que je revienne sonner à votre porte.

La démarche était indigne de lui.

Cela dit, il se pouvait aussi que les circonstances de la partie aient été particulières… Peut-être qu'à la requête de Jeffrey, Petropoulos et Aksold avaient fait un sacrifice dans leur emploi du temps pour venir jouer avec lui. Cela pourrait expliquer leur mauvaise humeur… Ils avaient sans doute la tête ailleurs… À leurs affaires, justement, qu'ils avaient fait passer au second plan pour l'accommoder… Si Jeffrey le recevait à nouveau, ce serait l'occasion de replacer leur relation sur des bases plus sereines. Il allait dire à Jeffrey : Mon cher, si jamais ça pose un problème de travail à l'un ou l'autre de nos collègues, on remet la partie, sans façon…

Il composa le numéro, puis l'effaça. C'était un peu facile de laisser Jeffrey s'en sortir comme ça. Il devait clarifier certaines choses. Dire : Mon vieux Jeffrey, je ne viens pas jouer au poker pour subir les soucis professionnels de nos collègues ! Qu'ils les gardent pour eux ! Ou alors qu'ils ne viennent pas. C'est une question de savoir-vivre.

Mais cela risquait de déboucher sur une discussion désagréable, ce qui serait injuste à l'égard de Jeffrey. Après tout, il n'était pas responsable des humeurs de ses amis. Il avait fait au mieux pour accommoder Alexis, c'était là une marque d'estime. Lui faire une remarque désobligeante serait déplacé. Et même ingrat.

Il composa à nouveau le numéro, pressa sur la touche *call*, n'obtint pas de réponse et laissa un message très sobre :

Bonsoir Jeffrey, c'est Alexis. J'espère que tout va bien chez toi. À quand le plaisir d'une petite partie ? Fais-moi signe quand tu veux. Il n'y a pas d'urgence, of course.

Il regretta son message aussitôt. Pourquoi avait-il parlé de "petite partie" ? Pour faire plus intime ? Pour dire : "Désormais, ces parties à sommes faramineuses m'apparaissent sympathiques, presque banales, à moi comme à vous, tu vois, je suis des vôtres…" ? Et ce *of course* de la fin… Ridicule ! Des mots d'adolescent… Et son "Fais-moi signe quand tu veux. Il n'y a pas d'urgence"… Comme s'il s'excusait… Ou plutôt, comme s'il excusait Jeffrey par avance de se défausser. Comme s'il se préparait à recevoir comme réponse : "Ces temps-ci, avec la crise, nous sommes tous surchargés. Laissons passer quelques semaines…"

Il espérait bien que Jeffrey ne lui servirait pas une excuse pareille. Cela équivaudrait à l'envoyer balader. Avec politesse, mais à l'envoyer balader quand même.

Il retourna s'étendre devant la télévision.

Vers dix heures, son portable émit deux brèves vibrations. C'était un texto de Jeffrey :

Mon cher Alexis, j'ai bien reçu ton message. Pour être franc, et cela n'a rien à voir avec toi, mes collègues souhaitent restreindre notre Cercle. Trente, c'est compliqué, crois-moi ! Ils me font dire qu'ils ont eu grand plaisir à te connaître et te transmettent leurs amitiés. Je joins les miennes bien sûr, et je te salue cordialement.

Tous mes vœux,

JEFFREY

C'était d'une politesse cruelle.

Il convoqua McAlistair et entreprit de le convaincre. Jeffrey était un médiocre et le poker un jeu fait pour les voyous. Voilà exactement ce qu'ils étaient, les Jeffrey et compagnie. Des voyous enrichis par Dieu sait quelles magouilles.

"Absolioument", lui répondit McAlistair d'un air bienveillant, "vous avey absolioument rayson."

46

18 juillet

— Il faut que l'initiative vienne de toi, fit Ted.

Ils étaient sur la terrasse du Chat-Botté, à l'hôtel Beau-Rivage. Devant eux, des bateaux à grande roue accostaient et déversaient leurs passagers sur une moitié d'embarcadère, avant de faire monter ceux qui attendaient sur l'autre moitié. Des navettes jaune vif faisaient le va-et-vient entre les deux rives, au milieu d'une nuée de voiliers. Le long du quai, la circulation semblait figée sous le soleil d'été.

— Prends du repos, ajouta Ted. Et surtout, annonce-le. Ton public attribuera les incidents de ces dernières semaines à la fatigue, cela créera un mouvement de sympathie et ton retour sera triomphal !

Dans la journée qui avait suivi la parution des articles du *Herald Tribune* et du *Financial Times*, Ted avait reçu quatre annulations pour des concerts programmés trois saisons plus tard. Les contrats n'avaient pas encore été signés et les demandes d'annulation n'étaient pas opposables. Il s'agissait de deux engagements en Allemagne, un aux États-Unis et un à Vienne. Plus grave encore, deux directeurs de salle lui avaient demandé s'il n'y avait pas moyen de revenir à l'amiable sur des concerts déjà signés. L'argument était chaque fois le même : "Il va se faire chahuter par les musiciens et je crains ses réactions."

Les déboires d'Alexis avaient fait le tour du monde symphonique.

Depuis trente-cinq ans qu'il faisait ce métier, Ted avait appris à connaître les chefs. Tous, à des degrés divers, étaient difficiles. Mais tous aimaient la musique. Ils étaient portés par elle, nourris d'elle. Ils vivaient à travers elle. Les grands plus encore que les autres. Sans doute même était-ce là ce qui faisait leur marque : la vénération qu'ils avaient devant la grande musique.

Alexis n'était pas dans ce cas. Lui avait été aimé de la musique, plus sans doute qu'elle n'avait jamais aimé personne. Elle s'était offerte à lui dans toute son intimité. Il n'avait eu qu'à tendre la main pour connaître d'elle le mystère de chaque instant. Le secret de chacun de ses replis intimes. Mais dans sa frénésie de gloire, il n'avait pas imaginé qu'elle pourrait attendre de lui quelque chose en retour. Il s'était comporté avec elle comme un homme qui exploite l'amour d'une femme sans vergogne, tant il est persuadé qu'elle lui restera attachée toujours et quoi qu'il fasse, au point de tout accepter. Jusqu'à ce qu'un jour elle se dise que la plaisanterie a assez duré et le quitte.

— Je prépare un communiqué de presse, fit Ted, quelques lignes très simples qui parleront d'une surcharge de travail. Je te le soumettrai à peine j'arrive à Londres. Si tu peux me répondre ce soir, on le fait partir demain. J'annule les enregistrements prévus cet été et le *Ballo in maschera* de Vérone. Le monde entier comprendra, et cela me permettra d'argumenter, au moment où me parviendront d'autres demandes d'annulation.

— Tu en prévois davantage ?

— Je crains que oui, fit Ted. Les gens se parlent, tu le sais. Tout le monde te court après lorsque tu as du succès, et dans le cas contraire…

Il y eut un silence.

— Et ma carrière, après ?

Il eut honte d'avoir posé la question.

— Il y aura un grand mouvement de curiosité, suivi d'une vague de sympathie, surtout si tu arrêtes un certain temps au-delà de l'été, jusqu'à disons octobre, ou même novembre. Fais-toi désirer. Après quoi, tu reviens et tu triomphes. Je te le garantis.

Les yeux baissés, Alexis hocha la tête.

TROISIÈME PARTIE

Août-septembre 1997

47

13 août

Comme chaque matin à quatre heures cinquante-huit, le radio-réveil de Menahem Keller s'enclencha sur Classique FM. L'instant choisi, à deux minutes de l'heure, n'était pas le résultat d'une imprécision. Menahem Keller voulait être réveillé par de la musique plutôt que par un bulletin de nouvelles. Ce jour-là, c'était une cantate de Bach.

Sa première pensée fut pour Mikaël. Il alluma la lampe de chevet, consulta son téléphone portable, constata que personne n'avait cherché à le joindre durant la nuit et, comme chaque matin, se sentit déchiré. Il n'y avait donc ni bonne ni mauvaise nouvelle.

Il soupira et se laissa pénétrer par la cantate.

Au bip de cinq heures, il éteignit le poste, alla uriner, mit sa robe de chambre et se rendit dans la pièce voisine, un petit salon tendu de soie rouge. Devant un canapé se trouvait une table basse sur laquelle une dizaine de livres étaient disposés en vrac.

Menahem Keller balaya d'un coup d'œil le plateau de la table, choisit *Zohar. Le livre de la splendeur*, s'installa sur le canapé et ouvrit l'ouvrage au hasard.

> Les simples ne prennent garde qu'au vêtement et ne voient pas ce qui est en dessous. Il en est ainsi pour

la loi divine : les récits constituent son vêtement, la morale est son corps, et le sens caché est son âme.

Ainsi chaque jour dans les brumes de l'aube, avant que le café ou la giclée d'eau froide n'aient réveillé sa raison, Menahem lisait, ou plutôt relisait, tel ou tel ouvrage parmi la cinquantaine de livres qui constituaient sa bibliothèque. Ils traitaient tous d'un même sujet : la Kabbale, et soulevaient les mêmes questions : Quel est le sens des épreuves que nous envoie le destin ? Pourquoi réserve-t-il des sorts si différents aux uns et aux autres ? Comment trouver la sérénité, lorsque l'on se sent frappé par l'injustice ? Et lui-même, arriverait-il jamais à saisir le sens caché de la loi divine ? À trouver l'apaisement ? La lumière ? Il lui fallait beaucoup travailler. Regarder la bille. La regarder et la regarder encore. La suivre dans tous ses aléas, pour enfin comprendre et accepter.

La plupart de ses livres étaient rangés sur les rayonnages d'une petite bibliothèque que l'hôtel avait installée à son arrivée, quatre ans plus tôt. Il y avait là les textes des grands mystiques juifs ou arabes, comme *L'arbre de vie* ou *Le verger des grenades*, des essais de Gershom Scholem, le kabbaliste, plusieurs livres sur les nombres ou les chiffres, et quelques-uns encore, que rien ne liait à la Kabbale, si ce n'est que Menahem trouvait en eux une profondeur telle qu'il les plaçait dans la catégorie des "grands écrits de l'humanité". Parmi ces derniers figuraient plusieurs textes de Nietzsche, *La métamorphose* de Kafka et les *Mémoires* de Marc Aurèle.

Après une heure de lecture, il jeta un coup d'œil à l'écran de son portable, s'assura qu'on ne l'avait pas cherché, ferma les yeux et pensa à Mikaël.

Dans quelques minutes, il serait savonné, lavé, séché, massé, caressé…

Il resta ainsi en pensée avec son fils, sourit, vérifia à nouveau son portable, et reprit sa lecture.

À sept heures, on lui apporta un petit-déjeuner dont la composition était la même chaque matin : café noir, trois tranches de pain complet et un morceau de gruyère. Sur le chariot se trouvaient aussi quatre journaux : la *Tribune de Genève*, le *Temps*, le *Monde* et le *Herald*.

Il se servit du café et mangea lentement les trois tranches de pain, accompagnées chacune d'un épais morceau de gruyère. Puis il alla se laver les mains avec soin et entreprit la lecture des journaux. Il les parcourut à toute vitesse et marqua d'un trait rouge les titres des articles qu'il lirait un peu plus tard à Mikaël. Il les choisissait en fonction de l'intérêt qu'y aurait son garçon. Il retenait ceux qui touchaient au football ou au problème du Proche-Orient. Mais il pensait aussi à ce que Mikaël devrait savoir plus tard, lorsqu'il sortirait de clinique, et cochait certains articles liés aux technologies nouvelles.

À huit heures, il arrêta sa lecture, ôta sa robe de chambre et fit trois séries de cent flexions espacées d'une minute, une habitude du temps où il était dans l'aviation. Il l'avait abandonnée en quittant l'armée et s'y était remis quatre ans plus tôt, à son arrivée au Beau-Rivage. Il avait commencé par des séries de dix. Deux semaines plus tard, il était passé à vingt, et ainsi de suite jusqu'à cent, après trois mois d'exercice régulier. Les flexions lui causaient des brûlures, surtout aux épaules et dans les bras. Mais il les accueillait avec une sorte de contentement, comme une façon de se préparer aux douleurs qu'il aurait à affronter tout au long de la journée.

Ses flexions achevées, il alla se raser et se laver, sans traîner, puis s'habilla de la même manière que chaque jour : complet noir, chemise blanche et cravate noire, ce qui, ajouté à sa maigreur et à un regard profond, lui donnait des allures de prêtre russe.

À neuf heures précises, il quitta sa chambre, remit sa clef au concierge, avec lequel il échangea quelques mots, et se rendit au bar de l'hôtel.

Celui-ci était constitué de deux pièces, celle où se trouvait le comptoir et une alcôve de style anglais qui lui était adjacente. Menahem aimait s'installer à la petite table située à droite de l'alcôve, à peine on en franchissait le seuil. Comme le bar ouvrait à neuf heures, la table était à sa disposition tous les matins.

Il lança un bonjour souriant au garçon, pénétra dans l'alcôve, et aperçut, posée sur la petite table, une pile de journaux qu'un des chasseurs de l'hôtel avait été lui chercher à la gare. *Neue Zürcher Zeitung*, *Financial Times*, *Corriere della sera* et *Jerusalem Post*. Ils étaient tous là.

Sans qu'il ait eu à passer commande, le garçon lui apporta une grande tasse de café noir :

— Nous avons un peu de frais ce matin.

Menahem acquiesça d'un sourire rapide et se mit à la lecture.

Le *Corriere della sera* titrait en première page : "Proche-Orient : Jérusalem reste intransigeant." Il lirait l'article à Mikaël en imitant l'accent d'un Israélien parlant l'italien. La veille déjà, il avait lu un article de la *Neue Zürcher Zeitung* avec l'accent yiddish. Il imagina Mikaël en train de rire, sourit, et regarda sa montre. Neuf heures dix. Il tenait l'horaire.

En réalité, c'était l'horaire qui le tenait. Sa journée était constellée de points d'accrochage. Ils l'aidaient à ne pas flancher. À neuf heures, il avait encore douze étapes devant lui :

10 h 15 : il entrerait dans la limousine qui l'attendrait devant l'hôtel.

10 h 45 : il arriverait dans la chambre de Mikaël et lui ferait la lecture des journaux de sept heures.

12 h 15 : il irait déjeuner à la cafétéria de la clinique.

13 heures : il retournerait à la chambre de Mikaël, et ils écouteraient de la musique.

14 h 30 : il lui ferait la lecture du deuxième lot de journaux.

17 heures : il quitterait la clinique.

17 h 45 : sur le chemin du retour, il ferait un détour par Divonne où il s'arrêterait un quart d'heure, pour voir la bille.

18 h 45 : il arriverait à l'hôtel.

19 heures : il irait marcher, très vite, durant une heure et par n'importe quel temps, le long des quais ou dans les rues pentues de la vieille ville.

20 heures : il mangerait dans sa chambre.

20 h 30 : il lirait.

22 heures : il se mettrait au lit.

Peu avant dix heures et quart, son regard croisa celui d'un homme très beau, âgé d'une cinquantaine d'années, qui pénétrait dans la petite alcôve, suivi d'un garçon de seize ou dix-sept ans.

Le visage de l'homme lui sembla si familier qu'il ne put retenir un petit salut de la tête.

Dans la seconde qui suivit, il comprit qu'il s'agissait d'Alexis Kandilis, le grand chef d'orchestre.

48

14 août

Cher Maestro,
Je vous envoie ce petit mot de Saint-Pétersbourg, où je passe les deux mois d'été. Ils me semblent chaque année plus délicieux encore que ceux de l'année précédente. Le soleil ne se couche pas, et la ville vit au rythme d'un festival que nous appelons Les Nuits blanches. La musique est partout. Surtout la musique de chambre, bien sûr.

Durant le reste de l'année, lorsque je joue en symphonique, son intimité me manque. La seule exception est quand l'orchestre est placé sous votre direction. Aucun chef vivant ne sait rendre les œuvres comme vous, en transparence, de façon miraculeuse, lumineuse. Comme si nous jouions de la musique de chambre à quatre-vingt-dix musiciens.

Revenez vite nous diriger.
Avec respect et gratitude,
Votre

SACHA

49

15 août

Il n'en pouvait plus de sa chambre d'hôtel, du bar, des salons et du restaurant, à attendre que les heures passent.

Aller ailleurs, c'était risquer les questions. Les regards qui diraient : *Maestro, c'est avec tristesse et consternation que nous avons appris que votre carrière se casse la figure...* Où qu'il aille prendre un café (dans un endroit d'un certain rang, bien sûr, il n'allait pas se mettre à traîner dans les bistrots), on le regarderait comme une bête curieuse.

Mais il fallait qu'il bouge !

Alors il se décida pour le bar de l'hôtel du Rhône.

Il s'habilla avec élégance. Complet gris clair, chemise bleu ciel et cravate noire en soie tressée. Pas question de donner l'image d'un désœuvré. Puis il marcha jusqu'à la gare et acheta une imposante pile de journaux qui lui donneraient un air d'homme actif, au fait des affaires du monde.

À l'hôtel du Rhône, Carlo, le barman, l'accueillit avec un cri de joie :

— *Maestro ! Ma che piacere vederla*[1] *!*

— Plaisir partagé ! répondit Alexis.

1. "Quel plaisir de vous voir !"

Le barman aurait voulu lui ouvrir son cœur. Lui dire : "Enfin je vous vois ! Si vous saviez combien je suis heureux… Les journaux racontent n'importe quoi ! La vérité, c'est que vous êtes en pleine forme ! Bravo ! Quel plaisir… Je vous le dis comme ça, vous voyez, sans penser : Quel plaisir…"

Mais il n'osa pas. Avec un client ordinaire, même un très riche, du reste ils l'étaient tous – un peu plus un peu moins, comme on dit en italien –, donc avec un autre, disons même avec n'importe quel autre, il se serait permis une familiarité, respectueuse, bien sûr, mais complice. Souriante. Un mot personnel comme il en usait souvent. Du genre : "Je vous trouve en forme olympique !" Le client aurait apprécié le compliment autant que son allusion, et ils auraient bien ri.

Ces petites libertés prises avec les clients ordinaires lui procuraient aussi l'occasion d'un bonheur secret. Ils étaient presque tous gentils, souriants, et tout et tout, mais ils le faisaient cavaler… Et mon whisky… Et mes cacahuètes… Et mon sandwich… Et puis, il y en avait quelques-uns qui se prenaient pour Dieu le père… Des gens dont on se demandait comment ils avaient fait leur argent… Alors il mettait dans ses plaisanteries un soupçon d'impertinence et en retirait une petite fierté.

Mais avec le maestro, il n'aurait jamais osé. C'était un homme au-dessus des hommes. Une sorte de dieu sur terre. Et gentil, en plus. Simple et gentil. Évidemment, pour le reste, chacun son travail… S'il avait la réputation qu'il avait, c'est parce qu'il plaçait la barre très haut, voilà tout… Et pas seulement pour les autres ! Pour lui ET pour les autres…

— Un cappuccino *alla Carlo* ?

— Avec plaisir ! fit Alexis. Et même avec grand plaisir !

Il avait bien fait de venir au bar du Rhône.
— Avec votre permission, je vous l'offre, fit Carlo en apportant le cappuccino.

21 août

— Nous voudrions te montrer la maquette, avait dit Sonia au téléphone.

Elle avait ajouté :

— La couverture est une merveille ! Tout ça va te remonter le moral, tu verras ! Si tu as un moment, on vient demain.

Alexis avait accepté sans hésiter. La biographie allait remettre les choses à leur place !

La presse tournerait casaque. Les chroniqueurs musicaux, il les connaissait...

Il imagina les articles et sourit.

51

22 août

— À Bruxelles (Menahem eut une moue, répéta : "Bruxelles", avec l'accent belge), les ministres de l'Union européenne se sont réunis lundi soir (il prononça : *lundi souèère…*, puis émit un petit rire et reprit sa lecture sans accent) en vue de déterminer une position commune sur la question du Proche-Orient.

Il lut l'article du *Monde* de bout en bout :

— Écoute ce que disent les Américains sur le même sujet. Je le précise, parce que, franchement, on dirait qu'ils parlent d'autre chose :

Il ouvrit le *Herald Tribune* à la page des éditoriaux :

— Roger Cohen… Déjà son titre en dit long : "Time lost in Brussels."

Il était assis sur une chaise à armature d'acier, petite et inconfortable. Devant lui, un adolescent était alité, les yeux clos. Un tube reliait sa trachée à un respirateur artificiel.

Menahem poursuivit la lecture de l'éditorial jusqu'à environ son milieu, puis s'arrêta, fit : "Le reste, tu le devines", et plia le journal :

— On passe au *Jerusalem Post*.

Toutes les quelques minutes, il interrompait sa lecture et posait les yeux sur le visage de Mikaël, dans l'attente d'une réaction.

Il lisait les journaux dans leur langue. Au moment de l'accident, son fils ne parlait que l'anglais et l'hébreu, mais il se disait que le jour où il sortirait du coma, si ce jour arrivait, la lecture des journaux l'aurait au moins familiarisé avec l'italien, le français et l'allemand.

À midi et quart, il s'approcha du lit, embrassa son fils sur le front et lui caressa les cheveux à plusieurs reprises. Il regarda avec attention la ligne du nez, courte et fine, les lèvres pleines, les pommettes placées haut sur les joues, le menton bien marqué, et se dit, comme chaque fois, que Mikaël avait le plus beau visage du monde.

Il glissa l'index sous la main de son fils et chuchota :
— Serre, mon trésor ! Serre !

Il attendit près d'une minute, le regard fixé sur le visage de Mikaël, puis retira son doigt, lança "Je vais à mon trois-étoiles", et quitta la chambre.

52

25 août

— Qu'en dis-tu ? demanda Sonia, l'air enjoué.

Ils avaient pris place à la terrasse du Chat-Botté. Il n'était que onze heures et leur discussion avait pour bruit de fond les va-et-vient des serveurs occupés à dresser les couverts pour le repas de midi.

Alexis découvrit avec émotion le projet de couverture. Une photo occupait toute la surface de la jaquette. Il était en frac, saisi dans un mouvement très ample des deux bras. Sur le haut de la couverture, le titre était écrit en lettres blanches :

PRINCE D'ORCHESTRE

— Alors ? demanda Ted.
— Le titre, c'est de qui ? demanda Alexis.
— Une idée de Donald, dit Sonia. Après une discussion avec ta mère, je crois. Qu'en dis-tu ?
— On le garde, fit Alexis.
— Tu vois ? lança Sonia à Ted. Je savais qu'il lui plairait.

Pour la quatrième de couverture, ils lui proposèrent une photo où il était en chemise et pull-over posé sur les épaules, les manches nouées autour du cou. Il regardait l'appareil et souriait. Ses mains n'apparaissaient pas, mais une baguette de chef surgissait du bas de la photo jusqu'au-dessous de son visage.

— Bon choix, fit Alexis.

— Ce sera un grand succès ! reprit Sonia, tu verras !

Il les regarda. Ils semblaient sincères. Pourtant, il avait le sentiment d'être étranger à la discussion, comme s'ils parlaient de quelqu'un d'autre que lui.

— À propos du lancement, ajouta Sonia, Ted propose de le faire au 1er novembre, à temps pour les fêtes de fin d'année. D'ici là, tu auras repris le travail, ce sera parfait.

Ils le lâchaient.

— Pourquoi pas début septembre ?

— Mauvaise période, dit Ted. Les libraires sont en pleine rentrée littéraire... Et puis, ta trajectoire a quelque chose de festif, de magique ! Début novembre, pour les cadeaux de fin d'année, c'est idéal.

Alexis ne répondit pas. Une obsession sonore venait de se déclencher. Maintenant, c'était le thème du troisième chant qui lui arrivait dans une orchestration immense.

— Qu'en dis-tu ? insista Sonia.

Alexis tourna la tête, repéra l'un des garçons du restaurant et durant une dizaine de secondes fixa sa veste blanche aussi intensément qu'il put. L'obsession s'apaisa.

Il soupira :

— On y va comme ça.

— Tu voudrais qu'on attende février ? demanda Sonia.

— Non ! Bien sûr que non !

Ils avaient même pensé à février...

Il était épuisé. Écœuré par tant de lâcheté. Accablé, aussi, par les ritournelles. Il lui semblait bien qu'elles étaient de plus en plus puissantes. Son seul vrai répit venait des taches blanches. Lorsqu'il en fixait une avec insistance, les obsessions sonores diminuaient. Il l'avait découvert une après-midi, alors qu'il était assis face au lac, sur l'un des bancs du quai. Son regard s'était attardé sur le blanc immaculé d'une blouse portée par une jeune Asiatique. Elle tenait par la main une fillette, et l'enfant refusait d'avancer Alexis avait laissé flotter son regard sur la blouse de la jeune femme, et comme par magie, la ritournelle s'était atténuée. Elle avait repris quelques minutes plus tard, de façon plus douce, et Alexis en avait été si troublé qu'il n'avait pas osé recommencer l'expérience. Mais en fin de journée, au bar de l'hôtel, et dans les jours qui suivirent, il constata que le soulagement revenait chaque fois qu'il fixait une tache blanche avec intensité durant quinze à vingt secondes.

— Tu es fatigué, fit Sonia. On va te laisser.

Ils se levèrent.

— Vous ne voulez pas déjeuner avec moi ?

Il regretta sa lâcheté. Il aurait dû les chasser, comme des rapaces qu'ils étaient. Mais il n'en avait pas la force.

— Ted veut faire des achats, ajouta Sonia.

— Des cigares ! lança Ted en forçant un sourire.

Ils fuient, pensa Alexis. Ils prennent leurs jambes à leur cou, comme des brigands lorsqu'ils savent qu'il n'y a plus rien à voler.

Dans le taxi qui les conduisait à l'aéroport, Sonia se mit à pleurer.

— Je suis aussi triste que toi, fit Ted.

Il laissa passer un silence.

— Ce qui s'est passé à Londres n'était pas si grave… Mais ces annulations… Pour être franc (il secoua la tête), je ne le vois pas reprendre.

27 août

— Il s'est fait des ennemis, dit Jeffrey. Partout.
Sacha ne réagit pas.
— Allô ? Tu es là ?
— Je suis avec toi, fit Sacha.
— Je te disais : partout. Chez les musiciens, chez les journalistes, chez les fabricants de disques… Même dans notre Cercle ! Nous lui avons pourtant ouvert notre porte… Sans réserve !
À nouveau, Sacha ne réagit pas.
— Sois prudent, ajouta Jeffrey.

54

27 août

Alexis s'arrêta au seuil de la petite alcôve, vit que toutes les tables étaient prises, et s'apprêta à rebrousser chemin lorsque soudain l'un des clients se leva d'un bond :
— Puis-je vous offrir l'hospitalité de ma table ?
— Je ne voudrais pas vous déranger, fit Alexis.
— Mon nom est Keller. Vous m'honorerez beaucoup en acceptant. Nous nous croisons depuis des semaines...
— Je m'appelle Kandilis.
Menahem sourit :
— Chacun vous connaît.
Le garçon prit leur commande.
— Je vous ai vu diriger au Victoria Hall, en avril dernier. C'était magnifique.
Alexis hocha lentement la tête.
Menahem le regarda :
— Vous prenez un temps de recul, c'est ça ?
Alexis baissa les yeux.
— J'ai lu le communiqué de presse, reprit Menahem.
Alexis eut un geste des épaules :
— C'est sans doute mieux ainsi.
— Dans un mois ou deux, ce sera oublié.
— Vous étiez aux Proms, pour la *Neuvième* ?
— Je ne quitte pas Genève, fit Menahem.

Il eut un geste de fatalité :

— Disons : le petit coin de terre qui entoure Genève. Mais j'ai lu tout ou presque sur ce qui s'est passé à Pleyel, puis à Londres. J'ai aussi lu ce qu'a écrit Vanna Tartarelli dans le *Corriere della sera*…

Alexis eut une moue :

— Vous êtes journaliste ?

— Non ! (Il rit.) J'étais promoteur immobilier. Mais je suis l'actualité de près.

Il y eut un silence.

— Vous habitez ici ?

— À l'année, répondit Menahem.

— Qu'est-ce qui vous a amené au Beau-Rivage ?

— Pardonnez-moi… Mon histoire est si triste… Vous ne voulez pas que je vous raconte des blagues juives, plutôt ?

Alexis sourit :

— Après, peut-être.

— L'histoire que je vais vous raconter va vous paraître invraisemblable, fit Menahem. Pourtant elle est vraie dans chaque détail.

Il s'interrompit, déglutit, et reprit :

— Nous habitions Tel-Aviv, ma femme, mon fils Mikaël et moi. Je dis mon fils, mais en réalité c'était celui de ma femme. Quand je l'ai épousée, il avait déjà cinq ans. C'était un enfant mais réfléchi, presque mélancolique. Affectueux, aussi, d'une affection silencieuse. Un jour, c'était un dimanche, il avait déjà douze ans, nous regardions un match de football à la télévision. L'équipe de Tel-Aviv contre celle de Maalot, une petite ville de Galilée. Bien sûr, Tel-Aviv gagnait facilement. Ils en étaient à quatre à un. Mikaël était aux anges. Voilà que Tel-Aviv marque à nouveau. Cinq à un. Alors pour la première fois, sans doute sous l'effet de l'émotion, Mikaël m'appelle *aba*. Papa. Je suis perdu, bien sûr. Les larmes me montent aux yeux. Je me rends à la salle de bains et j'en reviens à peu près maître de moi. Deux minutes plus tard, il recommence. *Aba !* Regarde ! Cette fois-ci, j'arrive à réprimer mon émotion. À la fin du match, j'appelle ma femme, mais sans rien lui dire. Je voulais qu'elle découvre la chose d'elle-même. Alors je propose que nous allions chez Rowal, la grande confiserie de Tel-Aviv. Leur spécialité, c'était le baba au sirop de cannelle. Mikaël adorait cette pâtisserie et je me disais qu'il y avait là l'occasion d'un jeu de mots amusant. Mikaël aurait dit *aba* et puis baba, ou l'inverse, les mots se seraient mélangés, et nous aurions vécu un moment inoubliable, de ceux qui embellissent toute une vie. Donc nous allons chez Rowal, à l'avenue Dizengoff. Mikaël, tout excité par la perspective du baba, joyeux aussi, sans doute, de la situation que nous allions vivre, il me paraît impossible qu'il n'en ait pas eu le pressentiment, bref, le voilà qui court à vingt mètres devant nous. Et d'un coup, c'est la fin du monde. À l'instant où il arrive devant chez Rowal, un kamikaze se fait exploser. Je vous passe les détails du carnage. En une seconde, il y avait du sang et des morceaux de chair partout sur Dizengoff. De toute la rue arrivaient des hurlements atroces. Ma femme et moi sommes indemnes. Nous cherchons Mikaël, où est Mikaël ? À terre, devant nous. Inerte, la tête transpercée par une bille d'acier. Le temps se fige. Sept heures plus tard, dans une des salles d'attente d'Ichilov, le grand hôpital, un médecin vient nous parler : "Il vit", nous dit-il. Nous avions le sentiment d'être passés d'un coup de l'enfer au paradis. Mais la réalité nous a vite rattrapés. La bille avait déchiré les deux artères cérébrales et s'était arrêtée à la calotte, de l'autre côté du crâne. Mikaël avait un œdème massif que les médecins avaient traité par craniectomie décompressive. C'est quand on détache la calotte. "Malgré tout", nous a dit le médecin, "il y a une bonne nouvelle. L'hypothalamus et l'hypophyse semblent intacts. Votre fils aura sans doute une croissance normale." En attendant, il se trouvait dans un état végétatif, et personne ne pouvait savoir ni combien de temps cela durerait. Ni bien sûr dans quel état il émergerait de son coma. Pour autant qu'il en sorte un jour.

Il eut un geste fataliste :

— Nous en sommes là. Et quand je dis nous…

Il s'arrêta à nouveau quelques instants et eut un bref sourire :

— Mikaël resta quatre semaines à l'hôpital. Les mesures d'activité cérébrale donnaient des résultats qui laissaient une lueur d'espoir. Il était calme, respirait par trachéotomie, on l'alimentait par sonde, et les médecins nous disaient que son cerveau fonctionnait… Au moins, il vivait… Il y eut alors la période des spasmes…

— Il souffrait ?

— Sans doute que oui. Mais le problème était ailleurs. Les spasmes étaient causés par des accès de fièvre qui à leur tour provoquaient des poussées d'activité cérébrale. D'un coup, nous reprenions espoir. Mais le spasme passé, l'activité retombait à zéro. Je ne vous dis pas les va-et-vient de joie et de désespoir. Heureusement, les spasmes disparurent, et au bout de quelques semaines, avec l'accord des médecins, nous avons installé Mikaël chez nous, dans sa chambre, et ma femme s'est occupée de lui. Elle lui faisait sa toilette, le massait comme à l'hôpital, elle le déplaçait, pour éviter les escarres, vous voyez... Elle lui parlait, le lavait, le touchait sans cesse... Cette intensité la tint debout durant quelques mois. À partir d'avril-mai, elle commença à montrer des signes d'épuisement. Mikaël rentrait dans l'adolescence. Il s'épaississait. Ses jambes se couvrirent de poils. Je remarquai aussi qu'il avait un soupçon de moustache. Je n'en parlai pas à ma femme car je savais que ces marques du temps qui passait la plongeaient dans une tristesse immense. Mais un soir, à table, elle me lança de but en blanc : "Maintenant, il a de la moustache !" Après quoi elle éclata en sanglots.

Il eut un geste d'impuissance :

— Nous habitions au dernier étage d'un immeuble. Un après-midi de novembre, quelques jours avant la date anniversaire de l'accident, ma femme s'est jetée dans le vide. Sur sa coiffeuse, elle avait laissé un mot très court : *"Yoter midaï."* En hébreu, cela veut dire : "C'est trop."

Il y eut un long silence.

— Nous ne nous connaissons que depuis une heure, fit Alexis. Je suis infiniment touché que vous me racontiez votre histoire.

— Il y a une raison à cela (Menahem esquissa un sourire). Durant l'été qui avait précédé l'accident, Mikaël avait passé un mois près de Lausanne, dans un pensionnat dont il avait gardé un souvenir merveilleux. L'école, le lac, les sports... Il ne cessait d'en parler avec enthousiasme.

— L'institut Alderson ! s'exclama Alexis. Vous l'avez mis à Alderson ! Maintenant je comprends !

— La directrice m'avait parlé de vous comme de son plus brillant ancien. En fait, elle avait cité deux noms, le vôtre et celui de Léonard Sarnoff, le réalisateur.

— Oui, Lenny...

— À la mort de ma femme, j'ai quitté Israël. Mes biens m'assuraient de quoi vivre, alors je me suis installé ici. J'ai cherché pour Mikaël une clinique de premier ordre, dans cette région qu'il avait tant aimée, et j'en ai trouvé une à Gland, où je vais le voir chaque jour. C'est la raison pour laquelle je ne vous ai pas vu diriger à Londres le 15 juillet dernier.

À nouveau, il y eut un silence.

Menahem regarda sa montre et sourit :

— Je dois vous laisser. J'ai mon programme...

— J'aimerais beaucoup reprendre notre conversation, fit Alexis.

— Ce sera avec plaisir, répondit Menahem. Je me permettrai de vous laisser un mot à la réception.

55

31 août

— Désolée ! lança Charlotte à Clio. Demain, je suis prise toute la journée.

Elle semblait soudain heureuse. Détendue. Mortifier lui réussissait.

En temps normal, elle aurait d'abord dit oui à la proposition de Clio : "Bien sûr, allons à Évian !" Puis elle lui aurait téléphoné le lendemain matin pour lui servir un mensonge grossier, façon de dire : "Ma cocotte, tu ne t'attendais quand même pas à ce que je passe mon dimanche à papoter avec toi ?"

Maintenant qu'Alexis était à terre, elle se rattrapait :

— Une autre fois, peut-être.

Peut-être… Pas "dimanche prochain, si vous voulez", ni même "Dans quinze jours", non. C'était "Peut-être". En d'autres termes : "Si je veux. Et je le dis là, devant votre fils. Au cas où la nature de nos rapports lui aurait échappé…"

— Et toi, Alexis ? fit Clio, tu ne veux pas m'accompagner ?

À l'instant où il regarda sa mère, les circonstances de son départ pour la Suisse lui revinrent en mémoire.

C'était l'année de ses onze ans.

— Demain, on part, lui avait dit sa mère.

C'était une après-midi d'avril.

Il n'avait pas compris. Où sa mère voulait-elle l'emmener ?

— En Suisse. Tu vas aller dans une école magnifique.

— En Suisse ? Mais pourquoi ?

— Pour ton bien, lui avait répondu sa mère.

C'était un sacrifice immense qu'elle faisait pour lui :

— Plus tard, tu me diras merci.

— Et papa ?

Son père avait dû partir pour Salonique régler une affaire.

Le voyage s'était déroulé dans la tristesse. À Lausanne, ils étaient descendus dans un hôtel modeste, en dessous de la gare. "Le pensionnat coûtera cher", avait dit sa mère. "Et puis les affaires seront difficiles."

Mais si le pensionnat était cher et les affaires difficiles, pourquoi le plaçait-on en internat ? À cause de l'accident ? Sa mère s'était mise à pleurer et avait fait non de la tête.

À l'Institut, son sentiment d'incompréhension augmenta. Il se retrouva en chambre avec Khosrow, un Iranien bagarreur qui commençait une phrase sur deux par : "Tu peux être sûr que." Il disait *Pichetsour*, sur un ton qui décourageait le moindre désaccord.

Khosrow le jaugea, se dit qu'une mauviette pareille ne méritait pas sa peine, et ne lui adressa pas la parole.

Hors chambrée, son intégration se fit tout aussi mal. En sports, il était catastrophique. En classe, son français était approximatif, et il suivait les leçons avec difficulté. La seule occasion qu'il avait de briller était en anglais, et il eut la mauvaise idée de l'exploiter. Cela lui valut un "Ta gueule" lancé par Khosrow à la première leçon. Après cela, chaque fois que McAlistair l'interrogea, il fit semblant de chercher ses mots.

Ses seuls instants de tranquillité étaient ceux passés à un piano situé dans une petite pièce du sous-sol, où une fois par semaine une dame venait lui donner un cours. Mais il comprit vite que cela aggravait son cas. La musique classique était une affaire de fille, toute l'école était d'accord là-dessus.

Une dizaine de jours après son arrivée, alors qu'ils étaient couchés et que le surveillant avait éteint la lumière, Khosrow lui demanda :

— Qu'est-ce qu'il fait ton père ?
— Il est bijoutier, répondit Alexis.

Khosrow resta silencieux durant une demi-minute, puis lança :

— Il est bijoutier ou il a une bijouterie ?

Alexis répondit que son père avait une bijouterie.

— Grande ?
— Assez, fit Alexis.

Khosrow ne réagit pas.

Le lendemain matin, pendant qu'ils faisaient leur lit, Khosrow reprit la discussion :

— Mon père, il a des fabriques.

Dans les jours qui suivirent, plusieurs garçons de sa classe lui posèrent la même question : "Il fait quoi, ton père ?"

Aux attitudes et aux réactions que sa réponse déclenchait, il comprit que pour une grande part, la place de chacun à l'Institut dépendait de l'image paternelle.

La puissance du père, son rythme de vie effréné, les obligations qui en découlaient pour sa famille entière, tout cela justifiait d'avoir été mis en internat. Si on était là, ce n'était pas faute d'être aimé, mais pour des raisons glorieuses.

Alors Alexis se mit à mentir. Ce fut d'abord avec prudence. Son père avait une très grande bijouterie.

Puis il la transforma en l'une des plus importantes de la ville. Très vite elle en devint la plus grande. L'Institut ne comptait qu'un seul autre Grec, mais il était de Patras, ne savait rien d'Athènes, et Alexis continua de mentir sans retenue.

Ses affabulations prirent de l'épaisseur. Il apprit à convaincre : "Tu le gardes pour toi, n'est-ce pas ?"

Son père avait pour clients la reine Frederika, Onassis, et Melina Mercouri. Il créait pour eux des bijoux qu'il sertissait des plus belles pierres. Au palais du roi Paul, on le recevait en ministre.

Au fil des semaines et de nouveaux mensonges, sa position à l'internat se renforça. Les garçons le respectaient. Khosrow lui parlait souvent.

Quinze jours avant les vacances d'été, il reçut une lettre de sa mère :

Les touristes sont deux fois plus nombreux que l'an passé, mon garçon. Impossible pour moi de prendre des vacances. Tu t'amuseras beaucoup mieux à l'Institut, à faire du sport et des excursions, à connaître de nouveaux amis. Tu pourras améliorer ton français.

Tu ne peux imaginer quel sacrifice c'est pour moi de passer tout l'été sans te voir. Mais je le fais pour ton bien, tu le sais.

Au cours des deux mois d'été, Alexis raconta des mensonges encore plus audacieux. Affabuler lui devint un plaisir intense, puis une habitude, et pour finir un besoin.

À la rentrée de septembre, il expliqua à Khosrow qu'il avait dû rester à l'Institut durant l'été, car son père était occupé par des commandes inouïes. Il s'agissait chaque fois de parures pour la reine, pour ses filles, pour les grandes familles d'armateurs, pour tout ce que la Grèce comptait de célébrités et de fortunes. Il ajouta des détails précis sur la taille des pierres, leur nature, leur poids, et alla même, dans certains cas, à donner un prix pour la pièce, toujours faramineux, chaque fois suivi d'un : "Tu le gardes pour toi, n'est-ce pas ?"

Il vécut ainsi une rentrée heureuse, et sa place à l'internat lui semblait acquise pour toujours.

Mais dans les jours qui suivirent, l'atmosphère de l'école se métamorphosa. Soudain les visages se fermaient. Aux récréations, il suffisait qu'il s'approche d'un groupe pour que les conversations s'arrêtent. Khosrow était redevenu muet.

Un soir, au moment où le surveillant passa éteindre la lumière, Alexis éclata en sanglots. Le surveillant ralluma, lança : "T'en fais pas" et quitta la chambre. Khosrow ne dit pas un mot.

Le lendemain matin, Alexis chercha de l'aide auprès de Christos, le Grec de Patras. C'était un grand. Il pourrait le défendre.

— Personne ne me parle, fit Alexis.

L'autre haussa les épaules :

— C'est ton problème.

Ce même jour, une demi-heure avant le dîner, Lenny s'approcha de lui :

— Je dois te dire quelque chose.

Alexis le regarda sans comprendre. Que lui voulait Lenny ? C'était un grand. Il n'aurait pas même dû lui adresser la parole.

— On va dans ta chambre, ordonna Lenny.

Il prit place sur le lit de Khosrow :

— Assieds-toi. Tu sais pourquoi tu es ici ?

Alexis regarda Lenny avec surprise :

— Pour mon bien, non ?

— C'est du bidon, cette histoire de pour ton bien. On est tous là pour une raison qui n'est jamais bonne. Moi, c'est parce que mes parents ont divorcé. Mon père mène sa vie, ma mère s'est remariée et je n'intéresse personne.

Alexis resta silencieux. Il ne comprenait plus rien. S'il n'était pas là pour son bien, alors pourquoi ?

Lenny reprit :

— Et toi, tu sais pourquoi tu es ici ?

Alexis fit non de la tête.

— Depuis la rentrée, toute l'école le sait. Autant que tu le saches.

En un éclair, il comprit. Ses parents se séparaient. C'était pour ça que Lenny était venu lui parler. Mme Alderson l'avait chargé de lui annoncer la nouvelle avec douceur. Entre internes. Et comme Lenny avait vécu cette situation, il allait lui dire que cela valait mieux pour tout le monde. Qu'ils étaient nombreux dans ce cas à l'Institut, et qu'après tout, ce n'était pas si dramatique.

— Mes parents divorcent ?

— Ce n'est pas ça, fit Lenny. En tout cas, je n'en sais rien.

— Ils sont malades ? Ma mère est malade ?

Le cœur battant, il attendit la réponse de Lenny. Mais dans la seconde qui suivit, il comprit qu'il ne s'agissait pas de cela. Les autres ne lui auraient pas tourné le dos si sa mère avait été malade.

— Tu es ici parce que ton père est en prison, reprit Lenny.

Lenny raconta. Le père d'Alexis avait vendu une fausse pierre à l'une de ses clientes :

— Une malchance. La bonne dame avait déjà tant de bijoux que son assurance demanda une deuxième expertise.

En Grèce, l'affaire avait fait la une des journaux. À peine rentré des vacances, Christos avait raconté l'histoire à toute l'école.

— Maintenant, tu sais.

Alexis était inerte. Il regarda Lenny se lever.

— Maintenant, tu sais, répéta ce dernier avant de sortir.

La chambre se mit à tournoyer.

Il se mit à pleurer. Après quelques minutes, il pensa à son père, avec effroi, très vite, tant l'image de son père en prison lui était insupportable.

D'un coup son cœur bondit. Il avait menti… À tous… Comment allait-il les affronter ? Qu'allait-il leur répondre, lorsqu'ils lui lanceraient : "Alors, le grand bijoutier ! Les affaires sont bonnes ?"

Ils seraient aux aguets, à l'attendre, dans chaque classe, dans chaque chambre… Dehors, dans le parc, au football, au basket, partout… "Il s'est bien foutu de notre gueule, le grand bijoutier…"

Lorsque le gong annonça le repas du soir, il se leva et descendit à la salle à manger. Il avait les jambes qui tremblaient.

À table, personne ne lui parla.

Aussitôt le repas terminé, il remonta dans sa chambre et se coucha tout habillé, dans l'angoisse de ce qui l'attendait les jours et les semaines à venir.

Lorsque Khosrow monta, il lui lança :

— Pichetsour que maintenant, tu es ami avec personne.

Au cours des jours qui suivirent, plusieurs incidents le plongèrent dans la détresse. Steffen, un garçon de deux ans son aîné, l'agressa d'un coup de genou durant un match de football, après quoi il se mit à courir dans le stade en hurlant : "J'ai écrasé les bijoux du bijoutier ! J'ai écrasé les bijoux du bijoutier !"

Une autre fois, alors qu'Alexis répétait la pièce de Noël, trois élèves prirent place dans la classe où avait lieu la répétition. À sa première réplique, ils couvrirent sa voix en émettant un bourdonnement, bouche fermée. Mme D'Abundo, la professeure d'italien qui s'occupait de la mise en scène, les renvoya. Puis elle se tourna vers Alexis et lança en criant : "Tu dois être plus fort ! *Capito ?* Plus fort que les autres !"

Après quoi elle se mit à pleurer.

Alexis apprit plus tard que son fils de douze ans avait été tué par des voyous, dans le quartier du Trastevere, à Rome, et qu'elle était venue à l'Institut pour oublier son chagrin.

Mais comment être fort, quand la seule envie qu'on a est de disparaître ? D'être invisible ?

Ses seuls moments de répit étaient ceux qu'il passait au conservatoire, où depuis la rentrée il se rendait trois fois par semaine. M. Gentizon, son professeur, l'accueillait toujours avec bienveillance. "Tu as un sacré sens musical", disait Gentizon.

Alexis en était conscient. Sa facilité à lire une partition était déconcertante. Il avait une mémoire des notes prodigieuse, et composait sans effort.

Alors il se mit à rêver d'une carrière immense.

Il prendrait sa revanche. Il serait le meilleur de tous. Au-dessus de tous. Plus connu et fêté que tous.

Les semaines et les mois passèrent. Ses rapports aux autres élèves restaient figés, mais il ne chercha pas à les améliorer. Il avait trouvé son monde. Au lit, les échanges avec Khosrow ne lui manquaient pas. Il s'inventa une prière qu'il chuchota tous les soirs et prit soin de réciter à voix trop basse pour que Khosrow puisse la saisir, mais assez forte pour qu'il ne l'ignore pas et comprenne que son amitié était désormais superflue :

> *Je serai maître de l'univers et des galaxies*
> *Maître de tous les royaumes et de l'empire global*
> *Chacun m'embrassera les pieds*
> *Chacun se prosternera devant moi*
> *Chacun m'appellera sire*
> *Et j'atteindrai la gloire magique*

Il apprit la mort de son père au printemps suivant, durant les vacances de Pâques. Les quelques élèves de l'Institut qui n'étaient pas rentrés dans leur famille se trouvaient en ville. Alexis, grippé, était descendu de sa chambre chercher un livre. En approchant du rez-de-chaussée, il avait surpris une conversation entre Mme Alderson et sa sœur.

— Il s'est coupé les veines dans sa cellule, disait Mme Alderson.

— Tu vas l'annoncer à Alexis ?

— Sa mère veut lui dire elle-même, mais plus tard, quand elle le verra cet été.

— Et la presse ? Il ne faudrait pas que les choses se passent comme l'autre fois, avec Christos.

— J'ai déjà appelé ses parents, fit Mme Alderson.

Alexis monta vite dans sa chambre, s'étendit sur son lit et pleura. Il se trouvait en internat, à l'écart de tous, orphelin de père… Qu'adviendrait-il de lui ? Sa mère n'allait-elle pas le retirer de l'école ? Cette perspective le soulagea. Mais dans les minutes qui suivirent, une autre pensée le traversa. Et si la mort de son père, au moment où elle serait annoncée à l'Institut, lui valait un regain de sympathie ? En tout cas une mise à l'écart atténuée ?

Alors, dans l'attente de ces changements, il rangea son chagrin et garda secrète la mort de son père.

Deux mois plus tard, lorsque sa mère lui annonça la nouvelle, il feignit de l'apprendre.

Les mois et les années passèrent, et pour Alexis la vie à l'Institut se poursuivit dans la même solitude.

Un jour, il avait alors quatorze ans, il s'arrêta à la petite imprimerie située rue des Tanneurs, devant laquelle il passait chaque fois qu'il allait au stade. Lorsque le patron le vit entrer en tenue de football, il lui lança de loin, d'un ton méfiant :

— C'est à propos ?

— Pour des cartes de visite, fit Alexis.

Le patron eut un petit geste du menton en direction de l'établi :

— Les modèles sont là. Seize francs les cent.

— Je peux payer tout à l'heure ?

L'imprimeur accepta. Les garçons de l'Institut étaient pourris, mais au moins ils avaient de quoi.

Alexis repéra le classeur et se mit à le feuilleter. Les premières pages montraient des exemples de cartes. Il se dit que les siennes seraient de petite taille, cela les rendrait plus distinguées. Sur les pages suivantes, il découvrit les polices à disposition, se décida pour une Snell Roundhand et continua de tourner les pages du classeur. La dernière montrait des modèles de couronnes. "Couronne de vicomte", disait la légende sous un modèle à cinq boules. Alexis scruta la couronne d'un œil étonné. Puis il parcourut le reste de la page. Couronne de comte (neuf boules), de duc, de prince, de roi, tiare pontificale, couronne d'archimandrite, elles y étaient toutes.

Alexis demanda une feuille de papier et dessina avec soin un rectangle au milieu duquel il écrivit :

Alexis
Prince de Kandilistan

Puis il tendit la feuille à l'imprimeur :
— Avec la couronne de prince au-dessus du prénom, s'il vous plaît.

56

4 septembre

Il s'ennuyait tant que le jour où Menahem l'invita à faire un tour en limousine, il accepta sans même demander où ils iraient.

— Nous n'allons pas loin ! dit Menahem en souriant après qu'ils eurent roulé durant une minute ou deux. Pour répondre à la question que vous ne m'avez pas posée…

Ils restèrent silencieux. La voiture emprunta l'autoroute et prit la direction de Lausanne.

— Et sinon ? demanda Alexis. Lorsque vous ne lisez pas les journaux et que vous n'êtes pas à la clinique ?

— J'étudie la Kabbale, fit Menahem.

Il se tourna vers Alexis :

— Vous me prenez pour un farfelu ?

— Pas du tout ! protesta Alexis, pas du tout !

— Un peu quand même…

— Vous êtes croyant ?

— Surtout pas ! La Kabbale est le contraire d'une religion. Elle ne dicte pas. Elle interroge. Ou plutôt, elle oblige à s'interroger. À chercher le sens caché des choses…

Alexis resta pensif.

Menahem reprit :

— Elle nous aide à accepter les paradoxes de la condition humaine.

— C'est vrai, admit Alexis. La vie est une suite de contradictions.

— Je vous embête avec mes sermons. Un paradoxe n'est pas une contradiction. Même si ça y ressemble. Vous connaissez le basket-ball ?

— J'y jouais beaucoup, à l'Institut.

— Imaginez une équipe de cinq joueurs. Quatre d'entre eux mesurent deux mètres dix chacun et le cinquième fait un mètre soixante.

— Je vois le tableau, fit Alexis en souriant.

— Dire que le cinquième est le plus haut de taille serait en contradiction avec l'affirmation précédente. Mais si ce cinquième joueur était, par miracle, le meilleur de l'équipe, ce serait un paradoxe !

Ils rirent.

Quelques minutes plus tard, la limousine quitta l'autoroute en direction du Jura.

— Vous connaissez Divonne ? demanda Menahem.

— Il y a un casino ? Pour tout dire, c'est la première fois que j'y vais.

— Vous allez vite comprendre.

Au casino, Menahem semblait être chez lui. Ils pénétrèrent dans un grand hall, passèrent un contrôle d'identité et accédèrent à une salle immense.

— Les tables de roulette, annonça Menahem.

Il y en avait une dizaine.

Il s'approcha d'un comptoir, demanda pour cinq cents francs de jetons et les glissa dans sa poche :

— Pour tout à l'heure…

Alexis le regarda d'un air étonné.

— Allons-y, glissa Menahem.

Ils s'approchèrent des tables.

— Faites vos jeux, annonça l'un des croupiers.

Une douzaine de joueurs se mirent à lancer des jetons sur le tapis : "Sept… Rouge… Trente et chevaux…" Deux croupiers, assis de part et d'autre de la table, plaçaient les mises sur les cases. Une minute plus tard, un troisième croupier, placé à côté de la roulette, donna l'impulsion à la roue, lança la bille autour du cylindre dans le sens opposé et annonça d'une voix forte :

— Rien ne va plus.

— Regardez la bille, fit Menahem.

Elle fit cinq tours à mi-hauteur du cylindre, très vite. Puis sa trajectoire se rapprocha du bas de la roue, là où se trouvaient les cases. Elle heurta sur le 32, repartit en hauteur, glissa à l'oblique sur près d'un demi-tour, retomba sur le 7, tressauta, se logea un très bref instant dans le 18, sauta à nouveau et enfin s'arrêta sur le 22.

— Vingt-deux, noir, pair et manque, dit le croupier placé en tête de table, en détachant chaque mot.

— Vous avez vu ? demanda Menahem.

— J'ai vu que le 22 est sorti… Vous l'aviez prévu ?

— Nous sommes aux antipodes de cela, reprit Menahem. Suivons encore un tour.

Les deux croupiers placés sur les côtés ramenèrent vers eux les mises perdantes et distribuèrent les gains. Puis l'un d'entre eux annonça : "Faites vos jeux", et à nouveau les joueurs se mirent à lancer des jetons sur le tapis. Une minute plus tard, le croupier placé en tête de table fit partir la roue :

— Rien ne va plus !

La bille fit un peu moins de quatre tours, sautilla sur le 13, en ressortit, entra dans la case du 8 et n'en bougea plus.

— Allons-y, glissa Menahem.

Ils prirent place au bar.

— C'est ici que j'utilise mes jetons, reprit Menahem. Je ne joue jamais.

— Mais alors, pourquoi venir ?

Menahem resta silencieux une longue minute, les yeux au sol :

— Vous avez vu glisser la bille... Au premier tour, elle a fini dans la case 22. Au second, c'était le 8. Chaque fois, elle s'est arrêtée sur d'autres cases. Nous l'avons vue tressauter, hésiter, repartir... Je viens ici chaque jour au retour de la clinique. Je reste un quart d'heure, vingt minutes. J'observe la bille et j'essaie d'accepter mon impuissance.

Il regarda Alexis avec intensité :

— J'essaie de comprendre ce qui nous est arrivé, à ma femme, à mon fils et à moi.

Alexis l'écoutait avec grande attention.

— Pourquoi ces cases plutôt que d'autres ? Qui nous dit qu'il n'y a pas, à chacune de ces trajectoires, un sens caché ? Qu'au moment du lancer de la bille, une puissance qui nous dépasse ne prend pas en compte ceux qui sont autour de la table ? Que cette puissance décide de ce qui leur convient le mieux, à cet instant ? Car chacun souhaite gagner, bien sûr... Mais imaginez leurs vies, si tel était le cas. Peut-être que le mieux, pour eux tous, est que précisément la bille se soit arrêtée sur la case 22 et au coup suivant sur la 8.

Il regarda Alexis dans les yeux :

— Votre destin a croisé celui d'un percussionniste qui s'est trouvé à Paris pour un remplacement, et cette coïncidence a déclenché une série d'événements qui ont bouleversé votre vie. Qui peut affirmer qu'il s'agit d'un hasard ? Peut-être que cet accident vous aidera à trouver un sens nouveau à votre existence.

Alexis eut une moue de dérision.

— Vous avez eu pour ce percussionniste des mots blessants dont vous ne pouviez pas prévoir les effets, reprit Menahem. Moi, j'ai fait trois guerres, dont deux aux commandes d'un chasseur. J'envoyais des bombes. C'est ce qu'on fait dans de telles circonstances. Où sont-elles tombées ? Sur qui ? Je ne le sais pas. On se dit : la cause est juste et les dégâts sont ceux qu'ils doivent être, voilà tout. Puis le temps passe. Et les certitudes s'effritent...

Il s'arrêta quelques instants, les yeux dans le vague :

— La Kabbale nous aide à vivre. À nous réinventer. À nous transformer en quelqu'un de meilleur. De plus lucide. Comment ? Là est toute la question... Pour vous qui êtes musicien, c'est sans doute l'art d'écouter une musique entendue mille fois comme si vous la découvriez. Pour un philosophe, ce sera celui de déchiffrer un texte qu'il pensait connaître dans son intimité, et d'en donner une interprétation plus profonde, qui dépasse les précédentes en sagesse et en beauté. Pour moi, c'est d'observer la petite bille et d'accepter ce qui nous est arrivé. Jusqu'à ce que je m'approche de l'oiseau.

Alexis le regardait d'un air mi-méfiant, mi-moqueur :

— L'oiseau ?

— Dans l'âme de chacun d'entre nous, il y a un merle chanteur. La vie consiste à s'en approcher.

— Et... ? Il se passe quelque chose ?

Menahem sourit :

— De temps en temps, j'entends un gazouillis...

— Comme vous m'entendez ?

— Comme je vous entends ! Allez, je vous ai assez embêté avec mes histoires.

Il posa quelques jetons sur la soucoupe où se trouvait la facture, puis saisit la main d'Alexis, lui ouvrit la paume et y déposa six jetons, deux de cent et quatre de cinquante.

— Je vous les laisse. Venez de temps en temps voir la bille. Mais ne jouez pas ! Surtout ne jouez pas !

Il avait dit ces mots avec une vivacité inhabituelle.

— Ce serait grave ?

— Réfléchissez. Qu'est-ce que c'est, jouer ? C'est prétendre anticiper le destin. Comme si vous disiez à la bille ce qu'elle doit faire. Elle aurait de quoi se fâcher, vous ne croyez pas ? Et même se venger... Histoire de vous faire comprendre qu'elle n'a pas besoin de vos conseils.

Alexis resta pensif, les yeux sur les jetons :

— J'ai joué au poker, récemment... Il y a des points communs avec la roulette... Le hasard... La chance...

— Il me semble au contraire que les deux jeux sont aux antipodes l'un de l'autre, fit Menahem. Le poker vous oblige à ruser. À cacher. C'est un jeu violent. Vulgaire. Il réveille ce que l'homme a en lui de plus laid.

— C'est un jeu très humain, non ?

— Cette expression est diabolique. Très humain... (Il secoua la tête.) Elle permet de banaliser toutes les horreurs. L'envie, c'est humain. La jalousie, c'est humain. La vengeance, c'est humain.

— Et la roulette ?

Menahem réfléchit quelques instants, les sourcils froncés :

— Avez-vous remarqué à quel point les enfants aiment jouer à cache-cache ? Ils se découvrent, ils se surprennent... et ils hurlent de joie. Je crois bien que c'est le jeu où ils poussent leurs cris les plus aigus. Ils ont l'instinct de vie. Ils cherchent l'étonnement... L'inattendu...

Il fixa Alexis et sourit :

— Cette bille qui feint d'aller sur le 8, le caresse, tressaute, frôle le 24, s'arrête sur le 16, et pour finir choisit le 7. On l'attend ici, elle va là, puis ailleurs… Qu'est-ce qu'elle fait ? Elle joue à cache-cache avec nous ! La roulette, c'est la vie.

57

6 septembre

Pour la première fois depuis longtemps, le souvenir de l'accident lui revint. Il refit surface, au réveil, par images floues et lentes, presque douces.

Son frère Nikos et lui nageaient sous l'orage, à la plage d'Ayos Mamas. La pluie les aspergeait. Ils riaient. Puis Nikos en eut assez et voulut rentrer. "Cinq minutes", avait lancé Alexis. Nikos avait été s'asseoir au pied d'un eucalyptus, celui que la foudre allait frapper un instant plus tard.

Alexis se leva, très perturbé, s'habilla en vitesse et quitta l'hôtel. Il traversa la route en direction du quai et décida de faire la promenade jusqu'au Jardin botanique, d'un pas rapide.

Mais il n'avait pas marché trois minutes qu'il ressentit une fatigue immense et alla s'asseoir sur l'un des bancs disposés devant le lac.

Le souvenir de son frère étendu au pied de l'eucalyptus se fit plus net.

Il resta un long moment immobile, les yeux au sol.

Quelques minutes plus tard, il soupira, leva les yeux, et parcourut du regard la rive d'en face. Le coteau de Cologny exhibait son bien-être immense et ses villas clinquantes. Il semblait dire aux badauds : "Ici, le hasard n'a pas sa place."

Soudain, il vit Tatiana et Pavlina debout devant lui.

— Nous t'avons aperçu de loin, dit Tatiana en souriant. Tu avais l'air si pensif... Nous ne voulions pas te déranger... Mais Pavlina tenait à te saluer !

— Elle aussi ! lança Pavlina, elle aussi !

Elles se tenaient par le bras et lui souriaient.

Il se leva et les embrassa.

— La dernière fois, c'était au Victoria Hall, reprit Tatiana.

— Bien sûr, fit Alexis... Dans ma loge.

Elles semblaient heureuses de le voir, et il les trouva très belles l'une et l'autre, la cinquantaine un peu lourde mais resplendissante.

— On fait la promenade des parcs, dit Pavlina.

Ils se souriaient, désireux de prolonger la conversation sans savoir comment.

— Alors à bientôt ? ajouta Alexis.

— Sans faute, répondit Tatiana.

Elles se prirent par le bras et se dirigèrent vers le Jardin botanique.

Alexis les regarda s'éloigner. Toutes deux avaient vu leur vie s'effondrer. Tatiana avait fréquenté les grandes scènes d'opéra, chanté les plus beaux rôles et connu la gloire, avant de casser sa voix. Durant les huit années de son mariage avec Armand, sa vie avait été celle des puissants. Maintenant, elle n'était plus rien de ce qu'elle avait été. Pavlina aussi avait connu le malheur. À dix-huit ans, elle avait accouché d'une fille hors mariage qu'on lui avait retirée pour la remettre à l'adoption.

Pourtant, les deux femmes semblaient vivre un bonheur rare. Auraient-elles été aussi heureuses si la bille avait choisi d'autres cases ? Si Tatiana avait continué de mener la vie solitaire des grandes chanteuses ? Et pour Pavlina, qu'aurait été sa vie si elle avait dû voir sa fille grandir dans la honte, rejetée par les bigots de son île ?

Peut-être qu'après tout la bille sait ce qu'elle fait, se dit Alexis.

58

6 septembre

Elles n'avaient pas fait cinquante mètres que Pavlina demanda :
— Ça t'ennuie si on rentre ?
— On rentre quand tu veux, répondit Tatiana.
Elle avait parlé sans gentillesse.
— On prend par les Pâquis ?
— Prenons par les Pâquis, fit Tatiana.
— Ça t'embête ?
— Ça m'enchante. Les quais sont merveilleux, la rue des Pâquis est sinistre, on risque d'être prises pour deux prostituées à la retraite, mais si tu veux rentrer par les Pâquis, on rentre par les Pâquis.
— C'était une suggestion, protesta Pavlina.
Elle s'arrêta et se mit à pleurer en silence. Tatiana la tira par le bras jusqu'à ce qu'elles soient près du parapet, et Pavlina se tourna vers le lac, les mains sur son visage.
— Tu crois être la seule à avoir eu des malheurs ? souffla Tatiana d'une voix sourde. Et moi ? Plus de carrière ! Plus de voix ! Plus de mari ! Pas d'enfant ! Toi tu as eu un enfant ! En plus, je suis sûre qu'elle est très heureuse, ta fille ! Fiche-lui la paix !
Pavlina ôta ses mains de son visage et la regarda d'un air hagard.

Elles restèrent ainsi l'une près de l'autre durant une longue minute, puis Tatiana embrassa Pavlina sur la joue, très vite, la prit par le bras et entreprit de rentrer par le quai :

— Pardonne-moi.

Elles marchèrent sans parler jusqu'au bout du quai des Bergues.

— La vie, c'est comme un train, reprit Tatiana. Il passe par toutes sortes de gares. Des gens descendent, d'autres montent… Mais il ne s'arrête jamais deux fois à la même gare. Jamais ! La seule chose que tu puisses faire, c'est changer de wagon. Tu peux aller de l'un à l'autre, parler aux voyageurs, tu peux faire des tas de choses. Mais ce n'est pas la peine de chercher les gares qui t'ont passé sous le nez.

Elle s'arrêta, puis ajouta, après une hésitation :

— Si tu vois ce que je veux dire…

— Ne te fatigue pas, dit Pavlina. J'ai compris.

59

6 septembre

La bille remonta vers l'extérieur du cylindre, frappa son bord d'un bruit sec et descendit de biais en direction des cases. Elle toucha la 26, rebondit, tomba sur la 18, en ressortit, rentra dans la 24, et finalement s'arrêta sur la 8.

— Huit, pair, noir et manque.

Alexis observait les trajets de la bille depuis un quart d'heure. Mais il ne voyait pas quel enseignement il pouvait en tirer. Pour autant qu'il y en ait un… Car la bille allait où bon lui semblait. Fallait-il qu'il devine ses trajets ? Tout cela lui sembla ridicule. Mais il était là… Alors il décida de jouer dans sa tête.

— Faites vos jeux, annonça l'un des croupiers.

Alexis choisit le rouge.

— Les jeux sont faits.

Le croupier placé en tête de table lança la roulette.

Alexis suivit la trajectoire de la bille, ses hésitations et ses soubresauts.

— Trente-deux, rouge, pair et passe.

Il sourit, aussi content que s'il avait gagné vraiment.

Au tour suivant il choisit à nouveau le rouge. Ce fut le 21 qui sortit. Rouge, impair et passe. Il ne put réprimer un petit rire et décida de miser une fois encore sur le rouge.

— Cinq, rouge, impair et manque, fit le croupier.

Cela lui parut incroyable. Il décida de passer aux douzaines et choisit celle du milieu du 13 au 24. Le 19 sortit.

Il choisit la première douzaine. La bille alla se caser dans le 10.

Il avait deviné juste cinq fois de suite.

Alors il sortit les jetons que lui avait laissés Menahem, les posa tous sur le tapis et dit au croupier :

— Troisième douzaine.

La bille s'arrêta sur le 25, et il gagna deux fois sa mise. Huit cents francs.

— Merci de laisser sur la troisième douzaine.

Il gagna, laissa à nouveau sa mise et ses gains sur la troisième douzaine, et gagna encore.

De son petit râteau, le croupier poussa vers lui une pile de jetons qu'Alexis compta le cœur battant. Dix mille huit cents francs, dont il fallait déduire sa mise de départ, les quatre cents francs de Menahem.

Un sentiment de triomphe l'envahit. Il compta les coups qu'il avait gagnés à vide, puis les autres, et arriva à huit. La bille l'avait favorisé huit fois de suite.

Il la regarda glisser durant deux tours, sans jouer, puis prit une plaque de mille francs et la misa en plein. Il pensa jouer le 9, mais le chiffre lui rappela Beethoven et le projet B16, qu'il haïssait. Alors il lança le jeton au croupier auprès duquel il était placé, lui glissa "zéro", et attendit. La bille glissa sur le bois, heurta une chicane horizontale, remonta, puis elle descendit, rebondit sur une chicane verticale, rentra dans la 12, en sortit très vite, passa dans la 29, effleura la 7 et pour finir s'immobilisa dans la case 0.

— Bien joué, glissa le croupier en poussant devant Alexis une pile de larges jetons.

Alexis les ramena vers lui, les mains tremblantes.

Le destin l'avait repéré.

60

7 septembre

Il était sorti avec l'intention de marcher jusqu'au Jardin botanique, mais après trois minutes à peine il retourna à l'hôtel, monta dans sa chambre et s'installa devant la télévision. Il était sur les nerfs, incapable de s'intéresser aux programmes qu'il faisait défiler à toute vitesse. Il ressortit, marcha jusqu'à l'hôtel du Rhône, et s'installa au bar, où Carlo lui proposa les journaux. Il les feuilleta sans pouvoir s'arrêter à un seul article. Une demi-heure plus tard, il rentra à l'hôtel, monta dans sa chambre, commanda un café et se mit à passer des appels téléphoniques. Il parla avec sa mère, puis avec Charlotte. Il chercha Sonia, qu'il ne trouva pas. Il appela Anne, sans succès, et ne lui laissa pas de message. Il appela enfin Sacha, ne le trouva pas, et lui laissa un long message. Il le remercia pour sa lettre et l'assura qu'il allait le rappeler très vite, pour qu'ils déjeunent ensemble.

Les tables de roulette n'ouvraient pas avant quatre heures. S'il quittait l'hôtel vers trois heures et demie, sachant que les quais étaient chargés, il arriverait un peu après l'heure sans avoir l'air d'être dévoré par l'impatience.

Il déjeuna dans sa chambre, avala ce qu'il avait commandé et quitta l'hôtel à quatre heures moins vingt.

Il commença petit. Il ne devait se montrer ni méfiant ni vaniteux. Ses mises devaient refléter une confiance dénuée d'ostentation. Ce serait cinquante francs chacune. Ni plus, ni moins.

Il misa sur le noir et gagna. Puis il choisit le rouge, trois tours d'affilée, chaque fois cinquante francs. Il perdit chaque fois, se dit qu'il y avait malentendu et décida de jouer les pairs. Il misa deux fois de suite, et l'impair sortit les deux fois. Il misa sur la première douzaine et perdit encore.

Il était désemparé. Ce qui s'était passé la veille n'était donc que le fruit du hasard ?

Non. Il devait interpeller le destin. Mettre les choses au clair.

Alors il joua fort. 17 et chevaux à cinq fois cinq cents francs, ce qui, si le 17 sortait, lui aurait rapporté cinquante-quatre mille francs de gains, un peu moins si c'était l'un des numéros voisins qui sortait, le 14, le 16, le 18 ou le 20.

Il regarda la bille glisser. Elle heurta deux chicanes, se nicha un instant très court dans la case 17, rebondit et s'immobilisa sur le 22.

Il déglutit. La bille l'avait moqué sept fois de suite. Le pacte de la veille était caduc.

Un croupier ramena de son râteau les mises des perdants, une dizaine, puis empila des jetons par petites piles qu'il poussa vers les deux joueurs qui avaient gagné.

Alexis les regarda. L'un n'était pas rasé, l'autre était sale et mal coiffé. Sur ce coup, ils avaient gagné, bien sûr. Mais c'étaient des perdants. Des gens qui n'étaient là que pour faire fonctionner la roue. Pour nourrir le hasard. De la chair à canon.

Lui était d'une autre trempe.

Il avait commis une erreur de jugement en misant les chevaux du 17. Le 22 était sorti, c'était un signal. Une indication bienveillante. Un encouragement au rattrapage.

Alors il décida de jouer une fois encore. Ce serait l'explication de la dernière chance. Car s'il avait commis une erreur de jugement en négligeant le 22, il était prêt à s'amender… À le jouer en plein. Mais il attendait que le destin fasse un geste.

Il empila deux jetons de deux cents francs, les posa près du croupier, et dit :

— Vingt-deux en plein, s'il vous plaît.

Il attendit, avec angoisse mais plus encore avec détermination, comme avant une explication douloureuse que l'on est décidé à poursuivre jusqu'au bout.

Le croupier lança la bille. Alexis la regarda glisser, cahoter, tressaillir.

Elle frappa d'abord la case 17, en sortit très vite, effleura la 30, puis la 18, et s'arrêta sur la 22.

— Vingt-deux, noir, pair et passe, fit le croupier.

Il glissa à Alexis :

— Bien joué, monsieur.

Puis il esquissa un petit sourire et ajouta :

— Ces choses-là arrivent…

Alexis ramassa son gain, quatorze mille quatre cents francs, et glissa deux plaques de mille en direction du croupier :

— Le 22 en plein.

Le regard au loin, il écouta les soubresauts de la bille, et attendit l'annonce du croupier, le cœur battant.

— Vingt-deux, noir, pair et passe.

Le croupier ramassa les jetons des perdants, les rangea, puis empila des jetons qu'il poussa en direction des gagnants. Alexis reçut soixante-douze mille francs.

Sur l'autoroute, il conduisit très lentement. Comme la veille, un sentiment de puissance l'habitait tout entier. Les sept tours perdus d'affilée n'étaient là que pour marquer une complicité. N'exagère pas, lui avait dit le destin. Ne fais pas de jaloux.

Après quoi ils avaient retrouvé leur vrai rapport. Le destin l'avait reconnu. Ils étaient du même monde.

À son arrivée à l'hôtel, le concierge lui tendit une petite liasse de feuillets. Sur chacun, la standardiste avait noté un appel téléphonique. Alexis les examina rapidement : Ted l'avait cherché trois fois, Sonia deux fois, puis trois journaux anglais, Renaud Machart, du *Monde*, Christian Merlin, le chroniqueur musical du *Figaro*, et ceux des deux journaux locaux, Julian Sykes et Sylvie Bonier. Sur la dernière fiche rapportant un appel de Ted, il y avait un message :

Important. À propos du B16.
Rappelle-moi vite.

Il y avait donc branle-bas de combat autour du B16... La WMC avait fini par se rendre à l'évidence... C'était lui qu'on voulait... Sa vie basculait à nouveau. Menahem avait raison : il n'y avait pas de hasard. Les choses reprenaient leur cours.

Il se souvint d'avoir gardé son téléphone portable éteint depuis son départ pour Divonne. Il le brancha, encore debout devant la réception, et attendit que les appels s'inscrivent. Il en compta dix-sept. Il y avait aussi douze textos. Les gens accouraient à nouveau. Prêts à le féliciter. À lui faire des tonnes de compliments.

Ils attendraient jusqu'au lendemain, voilà tout. Il n'avait aucune envie de se presser. Le destin était avec lui.

Il prit sa clef, remercia le concierge, et se dirigea vers l'ascenseur.
Tout se mettait en place.

61

8 septembre

Sur toute la largeur de sa page culture, la *Tribune* titrait :

UN ORCHESTRE INOUÏ

Appui exceptionnel de trente richissimes mécènes

Assis devant le chariot du petit-déjeuner, les yeux sur le journal, Alexis était blanc.

L'article rapportait que la veille, à Londres, dans les salons du Dorchester, la World Music Corporation avait présenté le projet B16 à la presse. En collaboration avec maestro Akrashoff, elle allait constituer, pour une durée d'un mois, un orchestre dont chaque chef de pupitre serait choisi parmi les plus grands solistes du moment. On parlait de Maxime Vengerov et de Vadim Repim pour tenir les postes de premier violon solo et chef d'attaque des seconds violons. Truls Mørk avait été pressenti comme chef de pupitre des violoncelles. Mais le nom de Mischa Maisky avait aussi été prononcé par des personnes proches du projet, sous couvert d'anonymat. Yuri Bashmet avait accepté le poste d'alto solo. Au total, dix des plus grands musiciens du moment constitueraient la colonne vertébrale de l'orchestre, dont le corps serait fait de musiciens appartenant aux plus grandes formations européennes (pour les cordes) ou américaines (pour les cuivres). Les enregistrements des seize morceaux se feraient sur quatre semaines, de mi-juillet à la mi-août de l'année à venir et auraient lieu au Victoria Hall de Genève, ville où résidait Jeffrey Paternoster, principal mécène de l'opération. Le dernier morceau enregistré, la *Neuvième symphonie*, serait offert en représentation gratuite par Paternoster, pour remercier la ville de son hospitalité. "Ce concert historique sera retransmis en direct sur les télévisions du monde entier", concluait l'article, "ce pour quoi les musiciens ont tous cédé leurs droits."

Au bas de la page, Alexis remarqua un petit encart.

Jeffrey Paternoster et ses amis

Le chroniqueur parlait d'un très discret Cercle des Trente, qui avait pour propos de favoriser des projets artistiques hors du commun.

Sur le chariot du petit-déjeuner se trouvait le *Temps*. Alexis le regarda pendant quelques secondes et décida de ne pas l'ouvrir. Il plia la *Tribune*, la jeta au sol, regarda à nouveau le *Temps* et le saisit. Une pleine page de la rubrique "Culture et société" était consacrée au B16. L'article titrait :

GENÈVE, CAPITALE DU MONDE SYMPHONIQUE

En milieu de page figurait un encart :

POURQUOI LA WORLD MUSIC N'A PAS RETENU
LE "GENEVOIS" KANDILIS

Le journaliste revenait sur les événements de Pleyel et ceux de Londres, citait les articles écrits par ses confrères et concluait ainsi : "Un vrai crève-cœur."

Alexis éclata en sanglots.

Il pleura durant trois ou quatre minutes, après quoi il se rendit dans la chambre à coucher, brancha son téléphone portable et écouta les messages qu'on lui avait laissés la veille. Ted lui disait : "Il faut que je te parle. Rappelle-moi vite, s'il te plaît." Sonia chuchotait : "Je pense à toi. Je t'aime très fort." Plusieurs chroniqueurs lui posaient mot pour mot une même question : "Quelle est votre réaction à l'annonce de ce projet ?"

Il eut une brusque envie de vomir, courut à la salle de bains et se déversa dans le lavabo.

De retour au salon, il appela le concierge et se fit monter le *Financial Times*. Un article titrait :

THE MOTHER OF ALL ORCHESTRAS

Jack Masri parlait d'un groupe d'amis connu sous le nom de Cercle des Trente, qui avec une générosité presque nonchalante, "lançaient quinze millions de dollars dans la corbeille, dont dix iraient aux chefs de pupitre".

62

8 septembre

Pourquoi tant de cruauté ?
Je t'embrasse,

Sacha

Jeffrey resta de longues secondes immobile, le regard fixé sur l'écran de son portable.
— Vous avez encore besoin de moi ?
Il leva les yeux en direction de sa secrétaire :
— Merci. Ça ira.

L'initiative était venue d'Anne. Elle avait insisté auprès des autres : "Ce serait génial… Une occasion unique d'aider la grande musique…" Qu'est-ce qu'elle en savait, Anne, de la musique ? Rien. Elle ne l'aimait pas. Mais elle voulait la peau d'Alexis. L'imbécile avait dû la froisser. Les autres avaient accepté de suivre, parce qu'ils aimaient bien Anne, et aussi parce qu'Alexis ne s'était pas montré à la hauteur du Cercle.

Alors Jeffrey s'était rallié à l'idée de soutenir le B16, ravi lui aussi de renvoyer Alexis à un peu plus de savoir-vivre.

Voilà maintenant que Sacha le taxait de cruauté.

Mais Sacha n'était qu'un naïf. Il espérait sans doute qu'un coup de baguette magique ferait sortir Alexis du trou… Dans l'illusion de ce qu'est la nature de l'homme… Il y avait une chance sur un million pour qu'un tel événement se produise. Une sur un milliard.

Cela dit, Sacha n'avait que vingt-sept ans… Il pouvait se tromper… Alors que lui, Jeffrey, en avait soixante-sept. Pourtant il était dix fois, cent fois plus naïf que Sacha. L'espoir auquel lui-même s'accrochait ne se produirait jamais. Zéro chance. Racine carrée de zéro. Une heure de gymnastique au quotidien, des complets taillés sur mesure, des séances de massage et un régime de sportif. Mais tout cela n'allait pas changer la donne. Il était vieux. Trop vieux pour les corps qu'il aimait. Ce qu'il désirait, c'était avoir un homme musclé en dessous de lui et le pénétrer, fort et profond. Ou plutôt : constater qu'il pouvait le pénétrer. Ou plutôt encore : qu'il avait le désir de le pénétrer.

Mais le désir s'évanouissait comme une brume.

L'hypothèse d'une liaison entre Sacha et Kandilis lui revint à l'esprit. Après tout, Alexis était beau, grand artiste… Jeune, surtout… Que Sacha éprouve pour lui un sentiment amoureux, c'était probable. Mais pour ce qui était d'une liaison, il en doutait.

Kandilis n'était qu'un petit-bourgeois. C'était cela, sans doute, qui l'irritait tant chez cet homme. Sa médiocrité.

Et puis, cette histoire de B16 commençait à l'agacer.

Il relut le texto de Sacha, soupira, et l'effaça.

63

8 septembre

— En plus, le projet se fera à Genève. Sous son nez…
Menahem venait de lire à Mikaël les articles du *Figaro*, de la NZZ, du *Corriere della sera* et du *Temps*.

Il caressa du regard le visage de son fils :

— Je ne t'ai pas lu l'analyse de la journaliste du *Corriere*. Écoute ce que dit la Tartarelli : "Un homme blessé." C'est par ces mots qu'elle commence. Je te résume : elle l'a interviewé sur une terrasse, à Venise, il y a de cela quelques mois.

Il prit l'accent italien :

— Oun homme qu'il avait tout : oun talent, *l'ammirazione, la fortuna, tutto ! Mamma mia…*

Il rit, puis d'un coup redevint sérieux :

— Et voilà que cet homme se décompose sous ses yeux. À peine elle lui parle de l'incident qui l'a opposé au percussionniste qu'il explose. Pourtant, ce genre de péripétie, un chef de son envergure en avale trois chaque matin au petit-déjeuner. Alors elle comprend qu'il y a autre chose. Une faille. Et conclut par ces mots : "Les musiciens d'orchestre sentent la faiblesse du chef comme un fauve flaire l'odeur du sang."

Il posa le journal sur la pile, se leva, et regarda longuement son fils :

— Si tu savais combien je t'aime, tu guérirais dans la seconde…

Il sentit les larmes monter, eut un mouvement de tête et caressa les cheveux de Mikaël :

— Je suis un vieil imbécile. Prends ton temps pour me revenir, mon trésor. Prends tout ton temps.

64

8 septembre

Une fois encore, Clio relut l'article de la *Tribune*.

Elle soupira. Ça continuait. Ce qui était certain, c'est qu'elle s'était sacrifiée toute sa vie et qu'elle n'était pas payée en retour.

À Constantinople, ils avaient dû tout abandonner. À Athènes, après six années de travail acharné, le monde s'était écroulé. Il y avait eu l'accident de Nikos. Puis le procès. Il lui avait fallu recommencer seule. Et pour finir la mort de son mari en prison. Comme un gangster.

Sans doute qu'elle allait quitter Genève dans le déshonneur.

Elle regarda sa montre. Midi et quart.

Elle appela Alexis, tomba de nouveau sur sa boîte vocale et lui laissa un cinquième message :

— Tu peux me rappeler, s'il te plaît ?

Elle se rendit alors compte qu'elle était encore en chemise de nuit et qu'elle sentait mauvais.

65

15 septembre

Il avait dans ses poches l'argent gagné la veille. Bien sûr, tout changer serait ridicule. Il allait gagner. Et même très vite. Il le sentait.

Alors il se dirigea vers le guichet situé dans le hall d'entrée, demanda des jetons pour cinq mille francs et retourna à la table.

Il laissa passer un tour. Pas question de se montrer pressé. Au coup suivant, il misa deux cent cinquante francs sur le 8, plus quatre fois deux cent cinquante à cheval sur le 8 et les cases qui l'entouraient, le 5, le 7, le 9 et le 11. Il perdit. Trois fois encore il joua un numéro plein et ses quatre voisins, avec chaque fois une mise totale de mille deux cent cinquante. Il choisit le 14, le 20 et le 26. Ce furent chaque fois d'autres numéros qui sortirent.

À l'évidence, le destin ne l'avait pas reconnu. Il devait lui rappeler qui il était.

Il changea cinq mille francs encore et se mit à jouer, très vite, misant en plein sur deux numéros en même temps, plus les chevaux. Il couvrait ainsi chaque fois dix cases.

Mais à part deux gains marginaux sur les jetons misés à cheval, il perdit chaque fois. Il alla changer l'argent qu'il avait encore sur lui et le perdit en moins d'une demi-heure.

Il retourna au guichet où on lui indiqua l'emplacement d'un distributeur de billets. Son crédit était de mille francs. Il les retira, retourna jouer, et en quelques coups gagna huit mille francs.

Mais vingt minutes plus tard, il ne lui restait que deux jetons de cinquante francs.

Il se rendit au guichet, les changea et quitta le casino.

66

22 septembre

— Je vous mets le tout en francs français ?

Le caissier de la banque Hugues regardait Alexis d'un air gêné. Le compte était au nom du couple. À l'instant où Charlotte consulterait son écran, elle serait informée du retrait.

— Le tout, répondit Alexis d'un ton sec.

Le caissier continuait de le regarder. À la banque, de nouvelles rumeurs circulaient chaque jour sur le couple. Et sur Kandilis, les pires choses…

Après tout, se dit le caissier, il avait le droit de retirer tout ce qu'il voulait. Compte joint et signatures individuelles…

Il chercha à se rassurer :

— Et sinon, tout va bien ?

— Merci, fit Alexis, toujours d'un ton qui n'invitait pas à la conversation.

Le caissier se mit à compter les billets en silence. Cela faisait un peu plus de trois cent mille francs.

— De grosses coupures ?

— À votre avis ? lança Alexis.

Il s'attendait à quoi, le brave caissier ? Qu'il lui dise : "Mais non, voyons, donnez-moi le tout en pièces de cinquante centimes" ? Un crétin de plus à la banque Hugues.

Il sépara les liasses de billets en deux piles qu'il fourra dans ses poches intérieures et quitta la banque sans saluer.

Il arriva à Divonne à quatre heures et quart. Comme il avait prévu de le faire. Pas question de débarquer en touriste. Il fallait que les choses soient claires. Chacun à sa place. Respectueux de son vis-à-vis et conscient des enjeux.

Il changea la totalité des billets en jetons et alla se poster à mi-chemin entre deux tables. La 4 et la 6 étaient suffisamment proches pour qu'il puisse suivre et miser simultanément sur l'une et l'autre. Il se fixa trois tours de chauffe, puis se mit à jouer avec fureur.

Durant une vingtaine de minutes, il gagna à chaque tour. Il était transporté, enivré par un sentiment d'absolu. Il dominait les événements. Son combat était valeureux. Et les réponses venaient vite, claires, fortes, d'une table, puis de l'autre, puis à nouveau de la première. Le destin lui répondait. C'était un dialogue d'égal à égal. Entre titans. Les gains se succédaient. Couleurs. Pair. Impair. En plein et chevaux. Tout fonctionnait.

Il était dans la maîtrise du monde.

Son vis-à-vis, c'étaient les Forces de l'Esprit. Elles lui répondaient avec considération. Elles annonçaient à tous : "C'est lui que nous avons choisi."

Autour de la table, les joueurs le regardaient, et il lisait dans leurs yeux un mélange d'admiration et de surprise : "Tu es la puissance et la gloire", disaient les regards. "Tu es notre guide."

Après une demi-heure, il était gagnant de cent quatre-vingt mille francs. Mais cela comptait peu. Il n'avait jamais atteint un tel bonheur. Il pensa au B16, deux fois, très vite. Il pensa aussi au poker. Des activités de cuistre. Des plaisirs vulgaires. Maintenant, il était ailleurs. Au-dessus. Il traitait avec l'Empire global.

Il joua jusque tard dans la nuit. Impossible de partir. Il faisait face, il existait. Chaque minute lui en apportait la preuve éclatante.

Il perdit tout, très vite. À une heure et demie du matin, il joua ses deux derniers jetons. Rouge sur les deux tables.

Le noir sortit deux fois.

QUATRIÈME PARTIE

Novembre-décembre 1997

67

3 novembre

La 404 donnait sur l'arrière. Une chambre plus petite, plus calme, c'était parfait. Surtout pour l'hiver.

De toute façon, il allait se refaire. Très vite.

La sortie de sa biographie avait été suspendue. Pas question de reprendre la direction d'orchestre pour l'instant. Il s'était séparé de Charlotte. Comptes bancaires et tout et tout. Une excellente chose. Il n'avait plus à supporter les questions stupides de son caissier : "Et à part ça, maestro, ça va ?" Un larbin de rien du tout. À la Banque cantonale, personne ne lui demandait : "Et à part ça, maestro ?"

Il allait pouvoir se concentrer sur l'essentiel.

Il pouvait tenir au moins six mois. Peut-être même huit. Et c'était en ne comptant aucun gain ! Rien ! En plus, le coût de la chambre avait été divisé par trois.

Il jouait sur du velours.

Les dernières semaines avaient mal marché. Mais il devait admettre qu'il en était seul responsable. Il avait trop tiré sur la corde. Il aurait dû laisser à la bille le temps de respirer… De refaire surface… Mais non ! C'était tous les jours, tous les jours, tous les jours… Elle était… Il chercha le mot, il y en avait un qui disait exactement dans quel état elle se trouvait. Tant pis, le mot lui viendrait plus tard.

On peut dire qu'il ne s'était pas montré intelligent. À la fin, elle avait l'air perdue ! Jamais il ne l'avait vue comme ça. Hagarde ! Voilà le mot qu'il cherchait. Elle était hagarde.

C'était à lui de faire amende honorable. Il serait correct et respectueux. Mais sans excès ! Pas question de se lancer dans des excuses sans fin.

Il irait la voir un jour sur deux. Peut-être même un jour sur trois. Voilà. Deux fois par semaine, c'était parfait. En laissant tomber le dimanche, ça ferait mardi-vendredi. Un programme très correct.

Les choses allaient rentrer dans l'ordre.

Et puis la nouvelle chambre, c'était un geste de sa part. À la fois fort et humble.

Plus qu'un geste. Un acte.

Il avait péché par vanité. Tous les jours, des heures et des heures… Plus la suite au Beau-Rivage, plus les repas au Chat-Botté, plus tout le reste… L'heure était venue de se montrer fort et digne. Personne ne devait dominer personne.

La bille allait comprendre.

10 novembre

— Je n'arrivais pas à le croire, fit Menahem. Il misait sur deux tables à la fois… Le fou ! Comme si ses jetons lui brûlaient les mains..

Il secoua la tête :

— Il dérape, Kandilis…

Il quitta sa chaise, regarda le visage de son fils, lui caressa les cheveux et retourna s'asseoir :

— Il y a des jours où le petit merle chante. C'est à peine audible, mais je t'assure qu'il chante !

Il resta silencieux durant une longue minute. Puis à nouveau il quitta sa chaise, s'approcha de la tête de lit, glissa l'index sous la main gauche de Mikaël et dit à voix basse, avec force :

— Serre, mon enfant ! Serre !

69

17 novembre

— Tu vois, fit Tatiana, on pensait que tout allait mal se passer... On a eu raison d'insister.

Pavlina continua de desservir la table, les yeux baissés.

— Il faudrait qu'on l'invite à nouveau, reprit Tatiana.

— Pour Noël.

— Ou même avant !

Elle s'approcha de Pavlina, lui caressa la joue et l'embrassa sur les lèvres, très vite.

Quinze jours plus tôt, dans un long article du *Temps*, le chroniqueur musical avait fait le bilan des rumeurs qui circulaient à propos d'Alexis :

> Nous assistons peut-être à la fin d'une des carrières les plus brillantes de ces cinquante dernières années.

Et concluait par ces mots :

> Notre tristesse est infinie.

Le soir même, Tatiana et Pavlina avaient déposé un mot au Beau-Rivage :

Nous voudrions beaucoup te voir. Tu nous appelles ?

Il leur avait téléphoné le lendemain matin :

— Bien sûr que je viendrai déjeuner !

Durant le repas, il s'était montré bavard et vaniteux. Sa carrière nécessitait un temps d'arrêt. Il en avait trop fait. Son couple en était sorti brisé. Il fallait qu'il se donne quelques mois, histoire de souffler un peu. De penser à autre chose. Il n'y avait pas que la musique, dans la vie ! Du reste, il s'était mis à l'étude de la Kabbale. Un monde passionnant, dont un des clients de l'hôtel était une sommité mondiale.

Tatiana lui avait demandé s'il lisait beaucoup, et Alexis lui avait répondu qu'il s'agissait surtout de réflexion et d'observation :

— C'est l'étude du sens caché des choses. Des mystères du destin, tu vois ? Des voies qui s'offrent à nous pour en comprendre la signification profonde. Vous deux, par exemple…

Il leur avait raconté la réflexion qu'il s'était faite lorsqu'il les avait croisées trois mois plus tôt, sur le quai du Mont-Blanc :

— Chacune de vous a beaucoup perdu. À un moment de votre vie, vous avez même tout perdu. Toi, ta voix. Toi, ta fille. Mais voilà. Vous vous aimez. Vous êtes heureuses. Le destin sait ce qu'il fait.

Au moment de les quitter, il les avait embrassées avec tendresse.

— Personne ne nous a jamais dit des choses si douces, avait dit Tatiana après qu'il fut parti.

70

25 novembre

Il avait joué le "complet du numéro" avec la mise maximale de cinq cents francs sur le 8 et chevaux, plus les carrés, douzaines et les transversales. Quarante jetons sur neuf cases, du 4 au 12.

— Trente-deux, rouge, pair et passe.

Il ne broncha pas. Depuis deux heures, les choses se passaient mal.

Comment se tenir à la règle qu'il s'était fixée ? La vie, c'était donnant, donnant. Et là, depuis huit jours, la trahison était permanente.

La veille, les choses avaient un peu mieux été. Mais quand ? À quatre heures moins dix du matin ! On ne décide pas de jouer le jeu à quatre heures moins dix du matin ! On peut avoir des envies de fantaisie de temps en temps, c'est entendu. Mais lorsqu'on veut être réglo, on choisit une heure décente ! Pas quatre heures moins dix du matin, lorsque les tables ferment à quatre heures !

Et là encore ! Sept coups d'affilée sans un lot de consolation. Alors que chaque fois, c'étaient entre cinq et douze cases qu'il couvrait. On pouvait dire qu'il y mettait du sien… Qu'il lui tendait une perche, à la bille…

Dans ces conditions, s'il n'avait pas respecté les règles, à qui la faute ?

C'était la bille qui ne jouait pas le jeu ! Il aurait voulu hurler, vider son cœur... Mais cela aurait conduit à l'escalade. Les choses se seraient mal terminées. Ou alors il aurait eu droit à des retrouvailles et des embrassades, mais quand ? À quatre heures moins dix du matin...

Il valait mieux se maîtriser.

Il soupira encore et remit une pile de dix jetons au chef de partie :

— Quatorze et chevaux.

La bille alla se loger dans la case 17. Il reçut dix-huit jetons en retour.

C'était un petit gain, mais il eut le sentiment que les choses étaient sur le point de s'arranger.

À sans cesse miser sur le 8 ou le 32, il avait négligé le milieu du tableau. C'était son erreur. La bille avait aussi ses contraintes. Elle devait sauver les apparences... Aller un peu partout... Il aurait pu y penser plus tôt...

Il avait bien fait de rester.

Il décida de laisser passer trois tours, histoire de calmer le jeu. De montrer qu'il savait faire pénitence.

Pour les cases du milieu, il était fautif à cent pour cent.

71

3 décembre

Cher Maestro,
Trois mois que je suis rentré de Saint-Pétersbourg, et je n'ai cessé de travailler.
Mais cela ne m'a pas procuré un seul de ces instants de "grâce musicale" tels que je les vivais chaque fois que vous nous dirigiez.
Sans vous, la saison est triste.
Je suis au courant pour le B16*. Pour le reste aussi. Ces choses-là s'oublient. Seule reste la vérité de la musique.*
J'ai appris que vous vous intéressiez aux questions de probabilité et à la philosophie (si j'ai bien compris…). Je suis certain que tous ces domaines sauront reconnaître le très grand artiste que vous êtes, et qu'ils vous accueilleront avec une joie profonde.
Je respecte votre souhait de prendre le temps d'un arrêt, de refaire de l'ordre, ou de trouver un ordre nouveau, je ne sais pas.
Je suis convaincu que de cet ordre vous surgirez plus grand encore.
Mais sachez que si vous aviez le temps d'un café ou de quelques mots échangés sur un coin de trottoir, je vous en serais infiniment reconnaissant.
Croyez, cher Maestro, en mes sentiments profonds de gratitude et d'admiration.
Votre

SACHA

4 décembre

Hôtel Beau-Rivage
Jardin Brunswick
Genève

Cher Sacha,
Votre message m'est bien parvenu et je vous en remercie.
Je regrette d'apprendre que la saison symphonique ne vous satisfait pas. Je ne peux, hélas, vous venir en aide. Comme vous l'avez appris, je me penche sur la question du hasard. J'étudie aussi la Kabbale, avec un ami considéré comme l'un des meilleurs spécialistes du sujet.
Je crois pouvoir dire que je suis sur la voie d'un éclaircissement majeur, qui devrait apporter à la question du Destin un renouveau philosophique essentiel. Dire que ce serait un bouleversement dans la manière de penser le monde ne serait pas exagéré.
Vous comprendrez dès lors que je doive concentrer mes efforts sur cette voie. Elle est ardue, mais fondamentale. Je m'y suis engagé, je lui dois d'aller jusqu'au bout du travail qu'il me reste à accomplir.
Je vous adresse tous mes vœux pour la suite.
Bien à vous,

ALEXIS KANDILIS

73

4 décembre

— Bonjour, maestro.

La voix du concierge avait une tonalité étouffée.

Il me parle en mode mineur, se dit Alexis, c'est bizarre.

— Bonjour ! répondit Alexis, très jovial. Comment allez-vous ?

— Pardonnez-moi, maestro.

L'homme se pencha au-dessus de son comptoir :

— Auriez-vous l'obligeance de passer à la réception ?

— Avec plaisir ! répondit Alexis. Avec grand plaisir !

Il fit trois pas sur sa gauche, s'approcha du comptoir voisin et sourit à la jeune préposée qui était face à lui :

— Que puis-je pour vous ?

— Le directeur souhaite vous dire un mot, répondit la jeune fille, les yeux baissés.

Quelques secondes plus tard, un homme d'une cinquantaine d'années, élégant et grand de taille, fit une apparition remarquée dans le hall de l'hôtel :

— Maestro…

Il prit les mains d'Alexis, les serra, puis, toujours debout devant le comptoir, dit ce qu'il avait à dire avec autant de gentillesse qu'il put :

— Nos factures sont réglables sous huitaine… Nous en avons parlé la semaine passée…

— Je suis un peu tête en l'air ces temps, fit Alexis. La sabbatique, vous comprenez... (Il sourit.)

— Mais absolument, protesta le directeur, absolument !

— D'ici vingt-quatre heures, quarante-huit au plus tard, tout sera réglé.

74

4 décembre

Avec ce qui restait sur son compte, elle pourrait tenir six mois. Huit ou neuf, si elle faisait très attention. Le gros morceau, c'était l'assurance maladie, à régler en janvier pour l'année entière.

Mais tous ces calculs étaient inutiles. Tôt ou tard, elle devrait déguerpir. Retourner à Athènes et demander l'aumône à sa sœur.

C'était une simple question de temps.

Elle regarda son petit-fils saisir un börek :

— Celui-là est aux aubergines. Alors ?

— Très bon, *yaya*, répondit le garçon, la bouche pleine.

— Et toi, ça te plaît ?

— Parfait ! fit Alexis. Regarde, j'en prends encore un.

Il lui avait fallu insister. Alexis était sans cesse débordé. "Tu ne te rends pas compte du nombre de projets que je mène de front." Il préparait une grande tétralogie. Les quatre grands opéras de Wagner montés dans une sorte d'apothéose. Ce genre de projet nécessitait une réflexion énorme. Mais dès qu'il serait au point, il le proposerait aux salles les plus prestigieuses, avec sans doute une première à la Scala pour la Saint-Ambroise, un 7 décembre, en ouverture de saison. Après, ce serait Bastille, Covent Garden, le Met… Tout était ouvert… Un spectacle itinérant dans lequel les plus grands chanteurs se retrouveraient en troupe, à l'ancienne. Une sorte de retour aux racines de l'opéra-théâtre… "Je peux te dire qu'on en entendra parler…"

Il avait aussi le projet d'écrire un livre sur Wagner, dans lequel il consignerait ses hésitations, ses trouvailles, son regard…

Elle leva les yeux sur son fils. Il avait anéanti sa carrière. Dilapidé son argent. Détruit sa famille. Il passait son temps à la roulette. Et il la prenait pour une débile.

Mais comment l'aider ? Elle n'avait plus la force de lui parler. Ni le courage. Il allait devoir se débrouiller tout seul.

Au moins, il était resté élégant. Sanglé dans son costume de chez Rey-Mermier, on l'aurait encore pris pour un prince.

Elle se tourna vers son petit-fils et l'observa manger. Il semblait détaché de ce qui se passait autour de lui.

— Tu es bien installé, dans ton nouvel hôtel ?
— Absolument parfait, répondit Alexis. Idéal.
— Ta chambre ?
— Je te dis, parfait. En face de la gare, à deux pas du lac. Très bien ! Pension Mischabel. En réalité, c'est une sorte de petit hôtel intime, et même luxueux, si tu vois ce que je veux dire, avec une clientèle constituée d'Asiatiques, beaucoup de Pakistanais, des Sri-Lankais, aussi, des hommes d'affaires qui viennent à Genève pour gérer leurs biens. Très select.

Un frimeur. Comme son père.

Une fois encore, tout s'écroulait autour d'elle.

Elle irait habiter à Athènes et chacun se débrouillerait de son côté.

7 décembre

Au début, tout avait bien marché. Durant vingt minutes, un rêve. Chevaux, dizaines, carrés… Un feu d'artifice. Une ou deux soirées comme ça et c'était le retour à la suite du Beau-Rivage.

Puis d'un coup, deux heures d'humiliations en cascade. Avec de temps en temps, une petite réconciliation, offerte comme un pourboire. Une couleur par-ci, une transversale par-là…

Rien.

La bille était injuste. Il aurait fallu que chacun y mette du sien.

8 décembre

— Il est en train de se ruiner, fit Menahem.

Il s'arrêta et secoua lentement la tête :

— Le concierge m'a donné le nom de cette maison, Plus-Inform. Ils font des enquêtes, en général des histoires de maris trompés. Enfin… Notre ami habite dans une pension près de la gare, rue de Fribourg, et mange dans sa chambre. Des conserves ! Il les achète dans une petite épicerie orientale… Il ne va plus à Divonne que tard le soir et joue comme un malade, jusqu'à la fermeture. Il semble être en bout de course, dit le rapport de Plus-Inform.

77

11 décembre

Il avait commencé profil bas. La bille s'en était sûrement rendu compte, car elle avait joué le jeu, et tout s'était passé dans l'harmonie. Le rouge était sorti trois fois de suite, puis le noir trois fois de suite, puis à nouveau trois fois le rouge et trois fois le noir. Douze coups, et il avait gagné douze fois. Pas de gros gains, il n'avait misé chaque fois que cinquante francs. Malgré tout, ça lui faisait six cents francs. Surtout, il y avait une vraie entente.

Il passa aux douzaines et sur cinq coups gagna quatre fois. Au net, trois cent cinquante francs. Quant au coup perdu, celui du milieu, il avait estimé équitable de le perdre. Il ne fallait pas abuser.

Il avait ensuite passé aux pleins. Et là… Dix minutes de magie absolue. Trois coups de suite : Huit et chevaux ! Douze et chevaux ! Seize et chevaux !

Et puis le néant. Une heure passée à couvrir le tapis de jetons, dans la frénésie. Résultat : rien. Pas une douzaine ! Pas une couleur ! En une vingtaine de coups, son argent s'était volatilisé.

Il s'était rendu au Bancomat pour tirer mille francs, mais la machine avait refusé sa carte.

Il avait compté ce qui lui restait en poche, cent douze francs suisses, et avait décidé de rentrer.

Sur l'autoroute, il conduisit à grande vitesse et klaxonna chaque voiture qu'il dépassait. À l'échangeur du Vengeron, il était à cent quatre-vingts. Il longea le Jardin botanique à cent vingt et grilla deux feux rouges sur la rue de Lausanne.

Arrivé au parking de Cornavin, il dévala la rampe à toute allure et parqua sa voiture à cheval sur deux cases réservées aux livraisons.

Dans le hall de la gare, il décida d'acheter les journaux. Et s'il lisait la nouvelle ? Il n'y en avait qu'une qu'il attendait chaque jour. Chaque heure. Celle de la mort d'Akrashoff.

> Un grand chef emporté par une maladie fulgurante… Akrashoff, un destin brisé… Accident d'automobile mortel pour le grand Akrashoff…

Il fallait qu'Akrashoff meure. Alors tout serait possible… À qui d'autre la World Music pourrait-elle confier le B16, sinon à Alexis Kandilis ? Et c'était sans compter sur ses bons rapports avec le sponsor principal… Bien sûr, ils n'avaient plus joué au poker depuis longtemps… Mais ils se connaissaient bien ! Et même très bien !

Il monta d'un pas rapide la rampe qui menait aux quais et pénétra dans le grand kiosque Naville. Il n'y vit personne, à l'exception d'un caissier.

Il passait entre les gondoles à la recherche du *Corriere della sera* lorsque son regard tomba sur un distributeur automatique de couleur orange, haut d'environ deux mètres. Sur le panneau supérieur, il lut : LOTERIE ROMANDE. La machine distribuait des cartes à gratter.

Les plus chères s'appelaient Baraka, coûtaient vingt francs et pouvaient en rapporter jusqu'à deux cent mille. Les moins chères, Le Chanceux, coûtaient deux francs.

La machine ne prenait que des pièces. Alexis s'approcha de la caisse et demanda qu'on lui change son billet de cent francs en douze pièces de cinq et vingt de deux.

Il retourna à la machine, glissa quatre pièces de cinq dans la fente, retira une carte Baraka et la gratta. Rien.

Il introduisit quatre autres pièces de cinq et reprit une Baraka. Rien encore. Il acheta deux cartes à dix francs, appelées Bingo. Rien. Il compta ce qu'il lui restait : quarante-deux francs. Il joua huit fois cinq francs au Lingot, et ne gagna pas une seule fois.

Il lui restait deux pièces de un franc. Il les mit dans la machine, retira une carte Le Chanceux, et lut avec attention les possibilités de gain qu'elle offrait. Six chiffres étaient gagnants et rapportaient entre dix francs pour le 1 et vingt mille pour le 9. Il gratta la carte calmement. Un 2 apparut. Grand, rouge et tout en arrondi.

Le chiffre ne rapportait rien.

Il resta debout devant la machine de la loterie, incrédule, abasourdi. Il n'avait plus rien. Pas un franc. Pas de quoi s'acheter un morceau de pain.

D'un coup, il éclata en sanglots. Le destin l'avait bafoué ! Humilié ! Lui ! Alexis Kandilis ! Le plus grand chef d'orchestre du monde ! Admiré par les salles du monde entier ! Fêté par tous ! Adulé de tous !

Il entra dans une rage démente. De toutes ses forces, il se mit à donner des coups de pied à la machine, un, puis deux, trois, quatre, violents, désespérés.

— Monsieur ! Voulez-vous arrêter ! Monsieur !

C'était le caissier qui courait vers lui.

Il quitta le magasin en voleur, courut à travers la gare, emprunta le passage souterrain et se retrouva rue de Fribourg, tremblant tout entier. Malgré le froid et la nuit, des gens se pressaient par grappes devant les bars où les dealers du quartier menaient leurs affaires. Il chercha à se frayer un chemin et bouscula l'un d'eux. L'homme, un Asiatique, l'attrapa par le col :

— Tu cherches la bagarre ?
— Non, fit Alexis. Pardon.

L'autre le regarda dans les yeux, cracha un "Dégage", et le lâcha.

Alexis courut jusqu'à sa pension, monta dans sa chambre, s'étendit tout habillé, et à nouveau éclata en sanglots.

Ils s'étaient ligués contre lui. Tous. Ted. Ceux de la World Music. Jeffrey. Ce salaud d'Akrashoff. Les musiciens. Le percussionniste. Et la bille… La bille… Elle avait profité de sa faiblesse. Elle s'était moquée de lui, avant de lui donner le coup de grâce. Elle n'avait pas joué le jeu. Alors qu'il s'était montré très correct.

On frappa à sa porte. Une voix forte lança :

— Ouvrez, s'il vous plaît !

Il se leva lentement, entrouvrit sa porte et vit deux policiers en uniforme.

— Vous avez vos papiers ?

Il les regardait sans bouger.

— S'il vous plaît !

Il sortit son passeport. L'un des policiers l'ouvrit :

— Vous êtes monsieur Alexis Kandilis ?

Il hocha la tête.

— Vous avez commis un dommage à la propriété, il y a quelques minutes, à la gare.

Les yeux baissés, Alexis ne répondit pas.

— Il y a dépôt de plainte, fit le policier. Il faut nous suivre au poste.

Alexis continuait de ne rien dire.

— On doit vous passer les menottes. C'est la règle.

Il les regarda sans comprendre. Pendant que le policier le menottait, il se mit à pleurer en silence.

Au poste de police des Pâquis, on le mit en cellule, où un préposé entreprit une fouille complète et lui fit signer une feuille d'inventaire.

Une heure plus tard, un autre policier ouvrit la porte de sa cellule et laissa passer un homme d'une quarantaine d'années.

— Je suis médecin.

Les yeux au sol, Alexis ne réagit pas.

— Vous vous êtes fâché avec une machine ?

Après une dizaine de secondes, le médecin reprit :

— Vous ne voulez pas répondre ?

— Elle n'a pas joué le jeu, fit Alexis, le regard toujours baissé.

— Elle ?

— La bille. Moi, j'y ai mis du mien. Mais elle, non. Elle n'a pas joué le jeu.

— Vous voulez bien me dire de quelle bille il s'agit ?

Alexis resta silencieux quelques instants, puis murmura :

— La bille qui est à Divonne.

— Je vois, murmura le médecin.

Il se tourna vers le policier :

— Il faut appeler un psy.

Durant une demi-heure, il resta étendu sur la banquette de la cellule, les yeux ouverts.

Tout était fini.

À nouveau la porte de la cellule s'ouvrit. Un homme d'une trentaine d'années entra, le regarda avec attention, puis lui demanda d'une voix calme :

— Qu'est-ce qui vous arrive ?

Alexis resta silencieux.

— On m'a demandé de vous examiner…

Il ne répondit pas.

— Racontez-moi tranquillement. Il ne s'est rien passé de grave ?

— J'ai fait ma part de travail, fit Alexis.

Le psychiatre hocha la tête :

— Comme chef d'orchestre… Un travail immense… Bien sûr…

Il secoua vigoureusement la tête :

— Je me suis fixé des horaires… Je n'ai pas abusé… C'est elle qui était injuste… Moi, j'ai joué le jeu…

— Je comprends, fit le psychiatre.

Il l'observa durant quelques secondes :

— Vous avez besoin de repos. Alors je vous propose ceci. On vous installe quelques jours à Bel-Horizon. C'est une clinique psychiatrique, vous le savez. Vous y serez bien. Si vous acceptez d'y aller de votre plein gré, tout sera plus facile. Vous pourrez vous reposer, voir les choses tranquillement. Et vous serez libre de quitter l'établissement quand bon vous semblera.

Il y eut un long silence.

— Ce serait plus simple, reprit le psychiatre.

— J'accepte, fit enfin Alexis.

CINQUIÈME PARTIE

Mars-août 1998

78

29 mars

Menahem entra dans la chambre avec précaution, s'approcha du lit et regarda Mikaël. Il resta ainsi immobile durant plusieurs secondes, puis chuchota : "Bonjour mon trésor", et il émanait de lui à cet instant une force, une humanité infinies, comme si rien de la vie ne pouvait le surprendre ou le décevoir. Puis il embrassa son fils sur le front, se redressa et sourit :

— Je l'ai revu ! Il m'a donné rendez-vous à la cafétéria de sa clinique. Il avait l'air calme. Après trois mois de traitement, j'imagine que c'est normal... Enfin ! Je lui ai demandé comment se passait son séjour. Il m'a répondu : "C'est comme à l'internat... Il y a des horaires, un règlement et des promenades obligatoires." Il a ajouté : "J'ai aussi droit à des cours particuliers. Chaque jour une heure, avec un psy." Là, il s'est arrêté quelques secondes et il a souri. Puis du coup, voilà qu'il se met à parler comme s'il réfléchissait à haute voix. Il me dit : "Vous bombardiez depuis un avion. Est-ce que vous saviez sur qui tombaient vos bombes ? Vous ne visiez pas des champs de pommes de terre. Vous les lâchiez sur des aéroports, des usines, des dépôts de carburant... Là où il y a des êtres vivants..." Je lui réponds : "C'était la guerre." Alors il me dit : "Guerre ou pas guerre, vous avez fait comme la bille. Vous avez distribué le désespoir en vous bandant les yeux. Comme celui qui s'est fait exploser près de la confiserie."

Il s'arrêta et caressa les cheveux de son fils :
— Puis il a ajouté : "Vous avez frappé comme la foudre. À l'aveugle." Après quoi il s'est levé et il est parti.

79

Le 6 avril

— Tu crois qu'il va accepter ?
— On verra bien, fit Tatiana, les yeux sur la route.
— On ne fait pas une bêtise ?
Tatiana ne répondit pas.
— Tu lui diras ?
Tatiana pressa sur l'accélérateur, passa à l'orange, et lança :
— Nous en avons parlé vingt fois.
— Je sais, murmura Pavlina.
Elle se tourna vers Tatiana, à la recherche de son regard :
— Mais c'est toi qui lui diras ?
— Oui ! Oui et oui !
À Bel-Horizon, elles le trouvèrent à la cafétéria, près de la baie vitrée.
Il se leva, les embrassa :
— C'est vraiment gentil…
Il portait un costume bleu nuit sur une chemise blanche à col ouvert. Il avait minci, et de son visage soudain très osseux, la ligne du nez ressortait avec une élégance particulière. Ses yeux semblaient plus grands, plus foncés, aussi, et cela lui donnait un aspect fragile.
— Tu as l'air d'un prince ! lança Tatiana.

Il les dévisagea avec étonnement :
— Merci d'être venues.

C'était l'heure des visites. Autour d'eux, certaines tablées étaient muettes, d'autres très bruyantes, et il régnait dans la cafétéria une atmosphère faite d'équilibres précaires, comme si d'un coup tout pouvait basculer dans le désordre.
— Nous avons parlé avec le professeur, annonça Tatiana. Tu te souviens, nous t'avions demandé…
— Bien sûr, fit Alexis.
— Tu vas reprendre ton métier n'est-ce pas ? demanda Pavlina.
Alexis secoua la tête :
— Je ne crois pas.
— Tu es un des plus grands ! Tu vas te reposer, ça prendra quelques semaines, et puis tout rentrera dans l'ordre. Tu verras !
— Je connais le milieu, reprit Tatiana. Le public adore les retours triomphants. Que dit ton agent ?
— Quel agent ? Si tu penses à Ted, il faut dire : ton ex-agent.
— Des agents, il y en a plein, fit Tatiana. Il te suffira de bouger le petit doigt et ils seront tous à tes pieds.
— Tu veux que je fasse les salles de province ?
Il s'arrêta et laissa échapper un soupir :
— J'ai assez fait le singe…
Il leva les yeux sur Tatiana :
— Tu vois une différence, toi, entre un orchestre symphonique et un orchestre militaire ?
— Tu exagères, dit Tatiana avec autant de douceur qu'elle put.
Il secoua la tête :
— Il y a un chef, il donne des ordres, les musiciens sont au garde-à-vous… Sur leur partition, ils n'ont

que leurs traits. Ce que joue le reste de l'orchestre, ils n'en savent à peu près rien. Et qu'est-ce qu'elle dit, leur partition ? "Comptez douze mesures et jouez *la ré*. Ce que fait le reste de l'orchestre ne vous regarde pas. Occupez-vous de votre instrument." Alors ils comptent douze mesures, jouent *la ré*, le chef fait l'intéressant, et voilà.

Il y eut un long silence.

— Je n'y crois plus.

Pavlina toucha le bras de Tatiana. Les deux femmes se regardèrent et Tatiana lança :

— Je t'ai dit qu'on a vu ton psy…

Il hocha la tête en silence.

— Nous voudrions te proposer quelque chose, dit Pavlina. Tatiana va t'expliquer.

80

12 avril

— On n'allait pas en rester là, fit Menahem. Ces histoires de destin, de vent… Alors je lui ai téléphoné. Il avait l'air content que je l'appelle. On s'est donné rendez-vous à la cafétéria. Et là, mon Mikaël, si tu avais vu la scène…

Assis sur la chaise située au pied du lit, penché en avant, Menahem était pris tout entier par son histoire :

— J'arrive à l'heure dite. Pas de Kandilis. Je me dis : un retard, ça arrive… Avec tous ces calmants… Bref, j'étais prêt à m'asseoir lorsque je vois les gens quitter leur table et se diriger vers une pièce adjacente d'où parviennent quelques notes de piano. Je fais comme eux et me retrouve à l'entrée d'une salle immense où des chaises sont installées sur une vingtaine de rangs. À l'autre extrémité de la salle, j'aperçois une scène… Et sur la scène, qui vois-je ? Notre Alexis qui joue au piano ! Comme s'il était seul au monde ! Je m'approche. Et là, mon Mikaël… J'entends une mélodie d'une délicatesse, d'une grâce inouïes. À chaque note, tu avais l'impression de connaître la musique, tant elle était prenante. Comme lorsque tu écoutes pour la première fois des airs inoubliables, tu vois, comme *La donna è mobile* ou *Hava naguila*, et que tu es pris dès la première mesure. Ce qu'Alexis sortait de ses doigts, ce n'était pas de la musique, c'était de la magie, du rêve. D'abord une valse, puis des slows, des tangos, une polka... Des airs l'un plus beau que l'autre. À un moment donné, il se passe quelque chose de magnifique. L'un des pensionnaires s'approche d'une infirmière, une petite blonde un peu forte, et l'enlace. Elle sursaute, mais elle comprend, très vite, elle a un geste des épaules, comme pour dire : après tout, pourquoi pas, elle sourit au patient, un homme marqué, mais bien mis, tu vois, à l'ancienne, et voilà que les deux se mettent à valser, là, entre la scène et la première rangée de chaises. Très vite, d'autres couples les imitent, et voilà que d'un coup, tout le monde valse, mon Mikaël ! Après les valses, Alexis joue un tango, puis un autre... et puis un slow, et encore une valse... Il passe d'une mélodie à l'autre, sans s'arrêter... (Il secoua la tête.) Je me disais, en regardant cette scène, que jamais les pensionnaires de Bel-Horizon n'avaient dû connaître un instant aussi consolant. Que rien, sans doute, ne les avait autant rapprochés de leurs bonheurs passés que ces instants de danse. Soudain, Alexis joue une valse, elle faisait :

Tarararim tarararim tarararam...

Une petite ritournelle, rien de plus, mais si délicate... Je pensais à ta maman... Enfin... Durant vingt minutes, on se serait cru dans un autre monde. D'un coup, il se lève et abaisse le couvercle du piano. La salle éclate en applaudissements... Mais ils semblent n'avoir aucun effet sur lui. Il ne salue pas, ne sourit pas, et se dirige vers une des tables situées près de la baie vitrée. Je l'y rejoins, je le salue, bonjour bonjour, et de but en blanc il me désigne du doigt une table située à quelques pas : "Trois jours après mon hospitalisation, j'étais venu à la cafétéria. Un vieux numéro du *Herald Tribune* traînait sur cette table. La page «Art» titrait gros comme ça : «The Tragedy of a Genius.» Le sous-titre disait en gros : «Un ancien chef d'orchestre se bat contre une machine de loto et perd.» Je ne réagis pas, j'attends, et d'un coup il passe à autre chose. Il me dit : "Elles m'ont invité à m'installer chez elles. J'ai accepté." Qu'est-ce qu'il ira faire chez ces deux femmes, tu peux me le dire ?

Il s'arrêta quelques instants, sembla réfléchir, puis reprit d'une voix absente :

— Tu sais, hier, la bille… Elle fait cinq tours, bute sur trois chicanes et arrive sur la 3. Elle était déjà à petite vitesse. Mais elle sautille, et voilà qu'elle va se nicher dans la case voisine. Si ce n'est que la voisine du 3, ce n'est ni la 2 ni la 4, mais le 35. Tu vois… Une petite hésitation et tout change.

Il s'approcha de son fils, le regarda longuement, et retourna s'asseoir.

81

25 avril

— Elles viennent me chercher en fin de journée.

François Kleiner, le chef du service "adultes" de Bel-Horizon, regarda Alexis et s'efforça de sourire. Mais il était sans illusion.

Trois mois plus tôt, il l'avait accueilli comme un cadeau de la providence. Esprit raffiné, personnalité complexe, comportement *borderline*… Sans parler de la notoriété… Le rêve de tout psy. Mais le cadeau était empoisonné.

En temps normal, la situation aurait été rattrapable. Deux ans de thérapie, peut-être trois, et Kandilis se serait égoutté. Kleiner utilisait sans cesse le mot dans ses cours : "Le cœur de notre profession, c'est la maîtrise de l'égouttage. Comme pour un fromage. Pressez la pâte d'un reblochon pour qu'il s'égoutte vite et vous le fichez en l'air. L'égouttage doit être *na-tu-rel* ! Même chose pour votre patient."

Kleiner aimait bien l'image. Elle faisait "peuple" et lui donnait le sentiment qu'elle le rapprochait de tout un chacun. Car "peuple" il n'était pas. Fils d'un grand banquier et d'une théologienne réputée, François Kleiner intimidait, par sa naissance autant que par son brio. Il avait aussi cette dureté souriante qui faisait de lui un homme à l'allure affable et au cœur sec. La tradition familiale lui dictait d'être au service de l'autre, alors il avait choisi la psychiatrie, pour rendre à ceux qui étaient dans la détresse une part des bienfaits que le destin lui avait offerts. Il vivait ainsi dans un grand confort moral, proche à la fois des faibles et des puissants.

Trois séances lui avaient suffi pour capter la structure d'Alexis Kandilis. Elle était simple : blessure narcissique béante. Le trou était énorme et la cicatrice avait lâché. Encore que dans son cas, parler de cicatrice était une vue de l'esprit. La blessure n'avait jamais cicatrisé. Elle avait été maquillée par un enrobage clinquant et vulgaire de concerts donnés à tour de bras, de gloriole, d'argent, et de compliments offerts jusqu'à la nausée par une armée d'obligés.

Pour qu'il s'en sorte, il aurait fallu qu'il fasse comme tout le monde... Qu'il s'égoutte... Mais le processus d'égouttage était long. Deux ans, trois ans... Et là, le temps allait manquer. Il y avait le B16... Une machine infernale qui arriverait sur lui avec son lot d'articles de presse, d'humiliations publiques, de souvenirs et de remords. Elle le fracasserait.

Mais le retenir à Bel-Horizon était impossible. Kleiner ne pouvait pas lui dire : "Vous allez avoir à vivre un moment difficile durant l'été... Vous ne voulez pas attendre ici quelques mois, le temps que les choses se tassent... ?" En définitive, il y avait neuf chances sur dix pour que l'histoire se termine par un échec.

— Comme Pavlina finit à cinq heures, elles ne seront ici qu'en fin de journée, reprit Alexis. Elles voulaient venir ensemble...

— Voilà qui est gentil ! fit Kleiner.

Les deux femmes lui avaient laissé une excellente impression. Elles approchaient de la soixantaine, vivaient en couple, et puis elles avaient l'air sportives. La chanteuse aimait marcher, la petite dame grecque nageait à la piscine des Vernets "aussi souvent que zé pé", comme elle le lui avait dit, avec son petit accent… C'était pour Kandilis l'occasion de retrouver une vie équilibrée. Chaleureuse, même.

— Alors à vendredi, fit Kleiner. Ensuite, ce sera toujours lundi, mercredi et vendredi.

— Je l'ai noté, répondit Alexis.

82

25 avril

— Je mets tout sur la table, fit Pavlina.

Elle avait préparé une omelette aux herbes et de la salade.

— Nous faisons attention, dit Tatiana. On grossit vite, à notre âge. Après, pour maigrir, c'est une autre histoire.

— Elle aime trop les desserts, lança Pavlina.

Elle ajouta :

— Et moi aussi !

Elles pouffèrent.

— Nous faisons des efforts, crois-moi ! Par exemple, nous adorons les glaces…

— Ça, tu peux le dire, interrompit Tatiana.

— Eh bien nous n'en avons jamais au congélateur. Sans ça, tu imagines… Bref, quand nous voulons en manger une, de temps en temps, nous allons chez le Turc, au bas de l'immeuble, ou alors au café Remor, de l'autre côté de la place.

— Une fois l'un une fois l'autre, reprit Tatiana.

Il eut un silence. Les yeux sur Alexis, Pavlina souriait, l'air inquiet.

— Notre vie se passe dans le quartier, ajouta Tatiana. Ça va te changer de tes voyages !

Toutes deux travaillaient à quelques pas de la place du Cirque, Pavlina aux ateliers de couture de l'opéra et Tatiana à la place Neuve, où se trouvait le conservatoire.

Elle ajouta :

— Notre petit monde… Tu veux un fruit ?

— Merci, dit Alexis. Merci infiniment.

— Ça nous fait plaisir, fit Pavlina.

— Tu es chez toi, ajouta Tatiana. Tu vas te reposer. Tu verras, la vie reprendra son cours. Les orchestres feront des pieds et des mains pour que tu les diriges. Et je parle des meilleurs, bien sûr !

Il n'avait plus l'envie. C'était ça, surtout, son problème. L'envie.

— Le matin, nous nous levons très tôt, reprit Pavlina, tu auras la salle de bains pour toi à sept heures. Ça te va ? Sans ça on peut s'arranger autrement…

— Ça ira très bien, fit Alexis. Je dors beaucoup.

— Pour ce soir, nous avons prévu un film, *Le cercle rouge*. Tu l'as vu ?

Alexis fit non de la tête.

— Moi, dit Tatiana, ce que je préfère, c'est les Bergman. Ou alors les japonais. Des films plutôt artistiques, tu vois… Tandis que Pavlina, je ne te dis pas…

Elles rirent à nouveau.

Il se sentit aimé.

— Moi c'est Louis de Funès. Qu'est-ce qu'il me fait rire ! Tu as vu ses films ?

— Il y a longtemps. J'aime aussi Bergman. Les japonais, je ne crois pas en avoir vu un seul.

— Nous alternons, reprit Pavlina. Une fois c'est moi qui choisis, une fois Tatiana.

— Pour ce soir, nous nous sommes dit que tu aimerais un film bien masculin, tu vois, par rapport à nos goûts de vieilles crétines…

Il esquissa un sourire.

— Proteste ! lança Pavlina. Elle a dit ça pour que tu protestes !

Elles rirent un peu trop fort, avec gentillesse.

Au salon, les deux femmes s'assirent sur l'unique canapé et Alexis prit place sur un fauteuil disposé légèrement de biais.

— Il y a de très bons acteurs, fit Alexis pendant que défilait le générique.

Pavlina pouffa :

— Elle n'aime pas qu'on parle pendant le film.

— Qu'est-ce que tu racontes ? réagit Tatiana. Ne l'écoute pas ! Et fais tous les commentaires que tu veux !

Elle se retourna vers Pavlina, l'embrassa sur la tempe et lui prit la main.

Après une demi-heure de projection, Alexis s'endormit. Elles le réveillèrent à la fin du film.

— Prends la salle de bains en premier, proposa Tatiana, tu es fatigué.

*

Il s'endormit tout de suite.

Les deux femmes restèrent éveillées longtemps.

— On a bien fait, non ? demanda Pavlina.

— Très, fit Tatiana.

Elles se serrèrent fort l'une contre l'autre, puis se détachèrent.

— Bonne nuit, ma belle chanteuse, chuchota Pavlina.

— Bonne nuit, mon dauphin adoré.

83

26 avril

Il passa la matinée à zapper, affalé sur le fauteuil du salon.

Pavlina arriva à midi et demi, lança : "Je prépare" d'un air affairé, et se rendit à la cuisine.

Il la suivit, un peu embarrassé :

— Je peux t'aider ?

— C'est rien. Une salade de poulet. Mais pour toi seul.

Elle semblait gênée, elle aussi :

— À midi, je ne mange pas. À cause de la nage.

— Tu y vas tous les jours ?

— S'il y a représentation le soir, je vais nager à midi. Sinon, vers six heures.

Elle dressa un couvert, posa la salade de poulet sur la table et s'assit :

— Je te tiens compagnie.

Il se mit à manger, les yeux baissés.

— Tu pourrais venir à la piscine. Ça te ferait du bien.

Il n'avait fait aucun sport depuis près d'une année. Surtout, la perspective d'être repéré le hantait.

Il ne répondit pas et mangea en silence, le regard sur son assiette. Puis il dit, les yeux toujours baissés :

— Ça gêne, si je joue au piano ?

— Pas du tout ! Sauf tard le soir, bien sûr…

Elle se leva et débarrassa la table, puis s'approcha de lui :

— Je dois aller au travail.

— Merci infiniment, fit Alexis.

Il l'embrassa sur chaque joue en la serrant fort contre lui.

Elle se laissa faire, puis se détacha et partit.

Après son départ, il s'installa devant la télévision et à nouveau se mit à zapper.

Vers trois heures, il éteignit le poste et alla s'asseoir au piano. Il le regarda quelques instants, souleva le couvercle et partit dans l'improvisation d'une fugue à trois voix. Il l'explora durant une heure avec intensité, passant et repassant d'une voix à l'autre, sans répit. Après quoi il alla s'étendre et s'endormit très vite.

8 mai

— Peut-être qu'il va s'en sortir, fit Menahem. Il m'a dit qu'il compose. Et puis ça a l'air de bien se passer avec les deux dames.

La veille, ils s'étaient retrouvés chez Remor :

— Il mange bien, il se repose, elles le soignent...

Il rit, s'approcha de son fils et lui caressa les cheveux :

— Il faudrait pouvoir miser une fois que la bille a choisi sa case, tu vois... Le croupier dirait : "Huit noir, pair et manque", et là, on dirait : "Le complet du numéro, huit en plein, avec chevaux, transversales, et tout le reste..."

Il avait les yeux brouillés :

— Ne fais pas attention. La tristesse passe, mon trésor. Elle finit toujours par passer.

85

15 mai

— J'ai croisé Sacha… Il aimerait beaucoup te voir… Il t'admire tant…

Tatiana avait parlé par petits bouts de phrase, pendant qu'elle servait.

Alexis fit comme s'il n'avait rien entendu. Pavlina resta immobile, les yeux baissés.

— Il a rompu avec Jeffrey, reprit Tatiana. À cause du B16.

Alexis continua de ne pas réagir, les yeux sur la portion de quiche que Tatiana venait de poser dans son assiette.

— C'est un garçon bien, conclut Tatiana.

Ils mangèrent en silence.

— Tu devrais sortir, fit Pavlina. Bouger un peu.

— C'est vrai ! Pavlina va nager… Moi, je fais des marches… Tu pourrais nous accompagner !

Il ne répondit pas.

— Tu sais, ajouta Tatiana, pour Sacha… Nous pourrions l'inviter à dîner… Ça lui ferait un plaisir immense.

— Pourquoi pas, dit Alexis.

Les deux femmes le regardèrent. Pavlina se leva et débarrassa la table :

— Tu nous joues quelque chose ? Comme hier ?

Il avait improvisé sur des rythmes latinos.

— C'était divin ! lança Tatiana en riant. J'avais de la peine à ne pas me lever pour danser.

Il sourit.

— Oui ! renchérit Pavlina. Je fais du thé et on t'écoute, d'accord ?

— D'accord, fit Alexis. Des tangos.

86

23 mai

— Vous évoquez votre enfance de façon toujours positive, fit Kleiner. N'y a-t-il pas eu, durant toutes ces années, des moments plus difficiles que d'autres ?

Comme chaque fois que Kleiner abordait le sujet, Alexis donna le change. Il parla de matches de football perdus, d'une antipathie avec un professeur de mathématiques, ou encore de la dureté de certains sports, comme la course autour du village qu'ils devaient accomplir chaque matin au lever, par n'importe quel temps.

Kleiner n'était pas dupe. Kandilis le menait en bateau. Mais comment faire pour l'amener à se dévoiler ?

Le temps d'égouttage était trop court. Il y avait le B16... Une masse d'acier qui fonçait sur Kandilis et allait l'écraser...

Alors il décida d'évoquer un souvenir personnel. Et tant pis si cela n'était pas dans la norme.

— Un jour, reprit Kleiner, je me suis trouvé sur une île des Cyclades... Un lieu magnifique. Si ce n'est que ses rues étaient sillonnées de triporteurs au bruit infernal. Ils avaient tous un même mot peint sur leur capot. En faisant appel à mes souvenirs de grec ancien, j'avais réussi à le déchiffrer : c'était *Métaphorès*.

— Ça veut dire "Déménagements", fit Alexis.
— Exactement. La racine du mot métaphore. À l'instant où j'avais déchiffré ce mot, je m'étais dit qu'au fond, c'était aussi ma profession.

Alexis le regarda dans les yeux, le visage fermé.

Kleiner laissa passer un silence :

— Un psychiatre ne peut pas résoudre le problème de son patient. Encore moins le faire disparaître. Il peut seulement l'aider à le dégager du trou profond où il l'a enfoui, tant il lui faisait mal. Pour qu'ensuite il puisse regarder son problème comme on regarde un tableau ou un meuble qu'on n'aime pas beaucoup, mais avec lequel on a appris à vivre. Sans indifférence, bien sûr, il y aura toujours une douleur. Mais elle sera supportable. Une petite douleur du quotidien.

Il s'arrêta et sourit :

— Mon travail est de vous accompagner dans ce dévoilement. Mais ce n'est pas à moi de sortir le problème. C'est à vous. Je ne peux que vous aider à le faire.

Ce Kleiner et ses histoires de déménagement… Du bavardage pédant et rien de plus.

1er juin

Ils étaient à peine arrivés à la piscine que de partout fusaient des "Salut Pavlina", "Ça va, Pavlina ?", "Tu tiens la forme, Pavlina ?".
— Tout le monde te connaît ici !
— Il y a trente-cinq ans que je viens aux Vernets…
Elle sourit, ajouta :
— L'eau, c'est ma vie.
Elle disait vrai. Son père Nikos était mort dans l'eau. Son frère Aris avait choisi de mourir noyé, comme Spiros, son oncle. Tous morts dans un même petit triangle de mer pris entre l'île de Spetses, celle de Spetsopoula et la côte du Péloponnèse. Là où elle allait nager, depuis petite. Comme un garçon. Mieux que les garçons de l'île. Chaque jour huit cents mètres de crawl en mode alterné tous les trois mouvements, gauche droite gauche, respiration, droite gauche droite, respiration…
Elle posa sa serviette devant une ligne de flotteurs blancs et rouges qui marquait la coursive réservée aux bons nageurs :
— On y va ?
Elle monta sur le bloc de départ, plongea d'un mouvement parfait et pénétra l'eau en ne créant presque pas de remous. Sa tête émergea de la surface six ou sept

mètres plus loin, et Alexis la vit enchaîner les mouvements du crawl en respirant par alternance à gauche et à droite, comme un nageur de compétition.

Elle fendait les eaux avec force, et ses gestes, efficaces et rapides, étaient d'une fluidité parfaite. Une minute plus tard, elle était de retour à mi-bassin, avec un style plus fluide encore qu'à la première longueur, plus rapide, aussi. Alexis admira ses mouvements de bras, d'épaules et de jambes, somptueux de puissance et d'élégance.

Il plongea au moment où elle entamait sa cinquième longueur, nagea tant bien que mal le crawl sur une longueur, revint à la brasse et alla attendre Pavlina sur les marches qui longeaient la piscine.

Elle apparut d'un coup devant lui, ruisselante de partout et cherchant son souffle :

— Huit cents mètres. C'est ma dose.

Elle souriait.

88

8 juin

— L'intimité… fit Tatiana. C'est la grande différence, non ? Je veux dire, entre musique symphonique et musique de chambre… ?

Le dîner se déroulait dans la gêne. Tatiana et Pavlina s'appliquaient à meubler les silences. Alexis ne disait pas un mot et Sacha s'en voulait d'avoir accepté l'invitation. "Tout ira bien", lui avait dit Tatiana l'avant-veille, "vous parlerez musique, ça lui fera plaisir. Il s'est remis au piano."

Mais lorsque Sacha était arrivé, son étui à la main, Alexis l'avait gratifié d'un "bonsoir" glacial.

— Et toi, Sacha ? Lorsqu'on dit que la musique de chambre permet…

— *Mort et transfiguration*, coupa Alexis. Il y a des solos de flûte inouïs.

Les deux femmes évitèrent son regard.

Il se tourna vers Sacha :

— Vous l'avez déjà joué ?

— Au conservatoire de Saint-Pétersbourg, avec l'orchestre des étudiants.

Tatiana regarda Pavlina, hésita, puis finit par lancer :

— Sacha, tu as écouté le maestro improviser ?

— Jamais, fit Sacha. Comment aurais-je pu ?

— Pas ce soir, laissa tomber Alexis.

Il y eut un silence. Tatiana se chargea de relancer la conversation :

— Pour ce qui est de la mélodie… La grande différence, avec la musique contemporaine…

Alexis la regarda soudain avec attention, et Tatiana comprit qu'elle était sur un terrain favorable :

— Cette idée de transcender la ligne mélodique, comme on dit…

Il ne broncha pas.

— Tu as raison, fit Sacha. Transcender la ligne mélodique, ça ne veut rien dire. C'est ridicule.

— Et ennuyeux, trancha Alexis. Tout le monde le sait et personne n'ose l'admettre.

Il s'adressa à Sacha :

— Tu as apporté ta flûte, c'est ça ?

Sacha fit oui de la tête, heureux d'être soudain tutoyé, content, aussi, qu'Alexis s'adresse à lui.

— Tu sais improviser ?

Il eut un geste des épaules :

— Comme tout le monde.

Alexis se leva :

— On essaie.

— Magnifique ! s'écria Tatiana.

Pavlina resta immobile, les yeux rivés sur Alexis.

— Ce serait un grand honneur, maestro, dit Sacha.

Alexis s'installa au piano.

Tarararirararam

Il choisit un thème en *do* majeur, si simple qu'on pouvait se demander par quel miracle il n'avait pas été composé plus tôt. Il poursuivit la mélodie pendant une demi-minute, puis leva les yeux vers Sacha. Ce dernier reprit le thème, et durant quatre ou cinq minutes, ils alternèrent les passages thématiques et les variations. Puis Alexis reprit le thème principal, fit signe à Sacha, et celui-ci conclut.

Il y eut un silence, puis d'un coup les deux femmes applaudirent à tout rompre, les yeux brillants.

— Je n'oublierai jamais cet instant, dit Sacha lorsque les applaudissements cessèrent.

Lui aussi avait les yeux brillants :

— Merci du fond du cœur.

Il lui embrassa le dos de la main :

— Pardonnez mon audace, maestro. Je vous le demande du fond du cœur : composez.

— Il a raison ! lança Tatiana. Chaque note était divine ! Chaque note !

89

12 juin

Depuis plus de vingt minutes ils marchaient d'un pas nerveux, sans dire un mot. Ils avaient pris par la place Neuve, remonté la Treille, poursuivi jusqu'au Bourg-de-Four et redescendu les ruelles qui menaient de la vieille ville aux quais. Au jardin anglais, Tatiana demanda :

— On fait les quais rive gauche ?

Alexis ralentit le pas et se tourna vers elle :

— Tu ne veux pas suivre ton itinéraire habituel ?

Tatiana aimait la promenade des parcs, elle le lui avait dit.

— Pour une fois…

Elle détourna le regard, et il comprit à son embarras qu'elle voulait lui éviter de passer devant l'hôtel Beau-Rivage :

— Merci.

Il ajouta :

— Tôt ou tard…

Elle ne dit rien, lui prit la main et la serra fort. Ils marchèrent ainsi une cinquantaine de mètres.

— Ça ne te gêne pas, que je te tienne la main ?

— Ça me fait plaisir, répondit Alexis. Un plaisir immense.

Il lui serra les doigts.

— Avec Pavlina, nous nous donnons le bras, fit Tatiana en riant. Ça fait plus dames. Pas amoureuses.

Ils marchèrent ainsi quelques centaines de mètres.

— Quand j'étais enfant à Prague, reprit Tatiana, je passais chaque fin d'après-midi à la boutique de mon père. Elle était située à l'Eliska Krasnahorska, dans le quartier Saint-Joseph. Nous habitions la ville haute, et je me souviens qu'après la fermeture, nous remontions toujours main dans la main. Je sautillais sans cesse... La main de mon père était toujours chaude... Sèche, aussi. Il me tenait la main, et c'était comme s'il me disait qu'il m'aimait. Et même qu'il m'adorait. Et je sautillais, je sautillais ! J'allais mourir de bonheur. Mon père ne devait pas être dupe du plaisir qu'il me procurait. Il répétait : "Mais calme-toi ! Calme-toi !", mais sans vraiment y croire, et je voyais bien, à mon tour, combien mon plaisir le comblait.

Elle resta silencieuse durant une ou deux minutes, puis dit à voix basse :

— Il y a une éternité que je n'ai pas marché en tenant la main d'un homme. Armand voulait bien qu'on se promène ainsi, au début. Il considérait ça comme une sorte d'apprentissage (elle sourit), un moment difficile à passer. Et puis il ne voulait plus. "Ça fait étudiants en vadrouille", disait-il, "on n'a plus l'âge." Après Armand, j'ai connu deux hommes. Mariés l'un et l'autre. Alors les promenades la main dans la main, ce n'était pas au programme. Et puis il y a eu Pavlina...

Elle s'interrompit, hésita, puis reprit :

— C'était bien ?

Il la regarda, l'air étonné :

— Quoi donc ?

— La nage, voyons !

— Elle ne t'a pas dit ?

— Si...

Elle sourit :

— Je n'ai pas osé venir. J'aurais eu l'air d'une gourde. Elle nage si bien... Et puis j'étais un peu jalouse...

Il rit :

— Je l'ai surtout regardée nager.

Elle tourna la tête, le regarda un court instant et baissa les yeux.

À hauteur du parc des Eaux-Vives, il se sentit fatigué. Ils prirent place sur un banc, face au lac.

Alexis dit à voix basse :

— Je voudrais composer un poème chanté.

Tatiana le regarda, les yeux brillants.

— Un thème me trotte dans la tête... Il fait à peu près ça :

Tariraram
Tararirarararariram...

— Continue ! C'est magnifique !

— Je l'imagine sur un texte d'Elytis. Ça donnerait à peu près ceci :

Il se mit à chantonner :

O érotas
To arhipélagos
Ké i prora tou afrou tou
Ké i glari tou onirou tou

— C'est divin ! fit Tatiana. Traduis !

L'amour
L'archipel
Et la proue de son écume
Et les mouettes de ses songes

— Piano, flûte et voix, rien de plus. En *sol* mineur, ça ira très bien. Ce sera peut-être un peu triste…

— Ce sera sublime ! Et d'une grande finesse ! Piano, flûte, voix… Vraiment magnifique.

Il la regarda, l'air hésitant :

— Je voudrais que tu le chantes.

Elle haussa les épaules :

— De quoi parles-tu ? J'ai cassé ma voix.

— Pas dans la tessiture de soprano, bien sûr. Une octave plus bas, à voix parlée. Tu as un timbre magnifique, un vibrato qui bouleverse… J'insérerai des parties *parlando*, en jouant sur les timbres, tu vois, avec des raclements de gorge et des passages *con grande espressione*, quelque chose de très intime. Après coup, on dira que pour cette mélodie, aucune voix ne pouvait être plus adéquate que la tienne.

— J'ai tiré un trait, fit Tatiana après quelques instants. Tu le sais.

— Essaie.

Elle hésita, puis murmura :

— Et si j'ai l'air ridicule ?

Elle avait parlé les yeux baissés.

Elle ajouta :

— Tu ne te moqueras pas de moi ?

D'un coup elle approcha son visage de celui d'Alexis et l'embrassa sur la commissure des lèvres, très vite :

— Rentrons.

À la place Neuve, ils se lâchèrent la main. Arrivés place du Cirque, ils trouvèrent Pavlina attablée au Croissant-Doré. Elle avait les yeux rouges :

— J'étais inquiète.

— Nous avons trop bavardé ! fit Tatiana. Alexis, dis-lui ! Il va composer un poème chanté !

Pavlina leva les yeux sur elle, regarda Alexis et se leva.

18 juin

— Encore un café chez Remor, fit Menahem. Il est à nouveau très courtois, très homme du monde... Maintenant, il compose. Il a l'air très à son affaire.

Il quitta son fauteuil et s'approcha de la baie vitrée :

— Il y a dix jours, ce chêne n'avait pas de pousses. Maintenant, il a des feuilles.

Il resta une longue minute les yeux sur l'arbre, puis retourna s'asseoir.

91

24 juin

Mé gymnès orès
Pou kratan sta dahtila tin iparxi

Avec des heures nues
Qui tiennent entre leurs doigts l'existence
Frémissante
Effeuillée
Libre
Comme la lumière
Sur les vastes terrasses intimes

Ils s'arrêtèrent. Pavlina avait les yeux brillants :
— Vous étiez si beaux tous les trois…
Tatiana avait les traits défaits par l'émotion. La mélodie lui avait convenu à merveille. Les choix de tessiture lui avaient permis de retrouver les émotions de quand elle chantait sur scène, lorsqu'elle cherchait sans cesse le bord du précipice, parce qu'à défaut de vertige, il n'y a rien qui vaille la peine.
— Pavlina a raison, fit Alexis. Tu étais bouleversante. Toi aussi, Sacha. Ta flûte est divine.
Le garçon lui embrassa la main.
Alexis se tourna vers Tatiana :
— Tu vois ? Il est content…

Elle le prit dans ses bras, incapable de dire un mot.
— Moi aussi, fit Pavlina.
Elle serra Alexis contre elle aussi fort qu'elle put.
— Tu vas l'étouffer, dit Tatiana.
Pavlina se détacha de lui, les joues rouges :
— On ouvre une bouteille ?
Tatiana ne réagit pas. Alexis semblait hésiter.
Pavlina se tourna vers Sacha :
— Vous voulez bien ?
— Pardonnez-moi… J'ai vécu une telle émotion… Je voudrais rentrer chez moi…

Il les embrassa tous trois, ajouta : "J'avais oublié ce qu'est la musique", et quitta l'appartement.

— Il a raison, reprit Pavlina. C'était si bouleversant… Je vais faire comme lui.

Elle embrassa Alexis, Tatiana fit de même et les deux femmes allèrent dans leur chambre.

92

24 juin

Étendu dans le noir, le cœur battant, Alexis était incapable de s'endormir.

Il resta ainsi une demi-heure, puis il n'y tint plus et quitta sa chambre.

— Je pensais que tu viendrais, fit Tatiana.

Elle se redressa, ôta sa chemise de nuit et se déplaça sur sa droite.

Il s'assit près d'elle.

— Tu trembles, chuchota Tatiana.

Elle lui prit la main et la posa sur sa poitrine :

— Tu l'entends ?

De la paume, il effleura le sein de Tatiana. Puis il l'enveloppa de sa main, tout entier. C'était un sein menu pour une personne de sa taille, au téton petit et dur comme celui d'une jeune fille.

Il se pencha, le chercha de sa bouche et l'embrassa.

— L'autre, souffla Tatiana.

Il se releva, le frôla de la paume, et sentit au même moment la main de Pavlina lui caresser la nuque. Il se tourna vers elle et l'embrassa. Elle tremblait tout entière.

— Viens, répéta Tatiana.

Il s'étendit sur elle, la pénétra, et ils restèrent ainsi l'un sur l'autre, sans bouger. Des mains lui caressèrent le dos, les cuisses, le cou, les cheveux, toujours avec une grande douceur.

Il se détacha de Tatiana et bascula entre les deux femmes. Pavlina s'étendit sur lui à hauteur de son torse et l'embrassa. Il la sentit bouger son bras, se tourna et vit qu'elle caressait la poitrine de Tatiana.

Il se dégagea, étendit ses bras en croix, et les deux femmes se collèrent à lui. Il chuchota :

— Je veux vous découvrir.

Tatiana se détacha et s'ouvrit. De la bouche, il chercha ses lèvres, puis il embrassa ses seins, son ventre, et enfin son sexe.

Elle plia les jambes, agrippa les cheveux d'Alexis des deux mains et pressa sa tête contre elle jusqu'à ce qu'elle atteigne le plaisir.

Puis il se laissa basculer sur le côté et sentit le corps de Pavlina se coller au sien.

Il n'avait jamais connu tant de gestes tendres. Tant de consolation. De ventres si accueillants. De seins si doux à embrasser. De cuisses si fortes qui l'enveloppaient et le rassuraient. De mains si caressantes qui parcouraient son corps avec tant de prévenance.

Ainsi durant toute la nuit, il se perdit dans ces deux femmes aux corps lourds et magnifiques comme on s'abandonne à un vertige.

1ᵉʳ juillet

— Tout se passe bien, il me semble ?
François Kleiner fixait Alexis, l'œil aux aguets.
À l'évidence, son patient allait mieux. Depuis deux séances, ses réponses étaient rapides, son attitude positive.
— Vous voulez me parler de votre travail ?
— Nous répétons un morceau que j'ai composé. Flûte, piano et voix. Je retrouve mes marques…
— Vous vous êtes mis à la composition ? Excellente nouvelle…
Alexis hocha la tête, les yeux baissés :
— J'aurais pu… Finalement, j'ai choisi la carrière de chef…
— Je comprends… fit Kleiner.
— Il m'avait semblé, à l'époque, que c'était autre chose…
— Je comprends… répéta Kleiner. Et avec Mme Kutman ? Mme Louganis ? Tout se passe bien ?
— Très, répondit Alexis. Elles sont formidables.
Kleiner hocha la tête. Ainsi, il composait. Il prenait son destin en main… Peut-être qu'au fond, rien n'était perdu. Qu'au moment du B16, il serait apte à supporter le choc.
— Les deux dames vous chouchoutent, j'imagine…
— Tout va bien, répondit Alexis.

94

8 juillet

Elles étaient sans cesse dans le souci de lui faire plaisir, au lit comme dans chaque détail de la vie. "Tu veux manger ceci ? Tu veux que je t'achète cela ?"

Il était comblé.

Le matin, Tatiana lui avait demandé ce qu'il souhaitait pour le repas du soir. Il n'avait aucun désir particulier. Mais elle était revenue deux fois à la charge, alors il avait lancé : "Du canard à l'orange !"

Le soir, en voyant au dîner le plat de canard à l'orange sur la table, il fut inondé de joie.

— J'ai eu une journée d'enfer, dit Tatiana, mais je te l'avais promis !

Il éclata de rire :

— Je déteste le canard à l'orange !

Tatiana le regarda, les yeux hagards :

— Je ne comprends pas.

Pavlina était muette, la main devant la bouche.

— Qu'est-ce qui t'a pris ? demanda Tatiana.

— Je plaisantais, voyons !

— Tu m'as fait peur, fit Tatiana.

Il était rassuré. Il pouvait compter sur elles, quoi qu'il leur demande. Elles étaient là pour lui et lui seul. Prêtes à tout pour le combler.

Elles l'aimaient sans condition.

9 juillet

— Ce n'est pas du Schubert, voyons ! Musetta est une coquette !

Tatiana sentit qu'elle avait parlé avec trop de vivacité et s'en voulut. Depuis le début de l'examen, elle avait envie de voler dans les plumes de son étudiante :

— Lorsqu'elle dit : *"Quando m'en vo' soletta per la via"*, Musetta n'est pas la petite fille aux allumettes du conte d'Andersen ! C'est une rusée ! Réfléchissez au texte :

La gente sosta e mira

— Vous comprenez ? Les gens s'arrêtent et la regardent ! Reprenez !

Elle écouta la fille jusqu'à *mira* et l'interrompit alors qu'elle tenait encore la note :

— Vous n'avez pas envie d'être admirée ? Vous n'êtes pas comme tout le monde ? Alors souriez, s'il vous plaît ! C'est une coquette qui chante cet air ! Pas une femme en deuil ! Et à cet instant, ma chère petite, vous devez être une coquette, vous aussi ! Jusqu'au bout des ongles ! Ou alors il faut changer de métier ! Reprenez depuis le premier *Quando*.

Mais elle ne laissa pas à la fille le temps de retrouver son souffle :

— *La gente sosta e mira*, vous comprenez ? *Sosta !* Les gens s'arrêtent ! Pour la regarder ! Sinon, elle n'a pas son compte !

À la maison, elle était sans cesse dans l'angoisse de quelque chose. Mais elle était heureuse. Avoir un sexe d'homme dans son ventre, elle avait fait une croix dessus depuis longtemps… Un sexe d'homme bien dur… Pavlina aussi semblait heureuse. Au lit, elle était audacieuse, joyeuse. Transformée.

Elle repéra une fausse intonation et la laissa filer. Elle n'arrivait pas à se concentrer. Ses pensées ne quittaient pas Alexis. Certains de ses comportements la préoccupaient. Par moments, il devenait bizarre. Cela le prenait d'un coup. Il exigeait quelque chose et il le lui fallait tout de suite, sinon il se braquait. Alors elles cédaient, et très vite il s'apaisait et redevenait tendre.

— Non ! Maintenant, elle est cruelle !

> E tu che sai
> Che memori
> E ti struggi
>
> *Et toi, tu le sais*
> *Tu te souviens*
> *Et tu te détruis*

— Elle est contente, vous comprenez ? Elle sent qu'elle peut tout obtenir. Alors elle devient manipulatrice ! Méchante !

Elle tremblait.

La jeune fille la regardait, les yeux hagards.
— C'est bien, fit Tatiana dans un soupir. Continuez.

D'un coup, il était inaccessible, au bord de la rupture. Et lorsqu'il ressortait de son silence, il pouvait aussi bien basculer dans la tendresse que dans une colère immense.

96

12 juillet

— À l'envers, chuchota Alexis.

Tatiana tourna la tête vers lui et le regarda sans comprendre.

— Je veux vous voir à l'envers. L'une sur l'autre, mais à l'envers.

— On aime être avec toi, dit Tatiana, chuchotant elle aussi. On t'aime. On a passé une soirée magnifique. Qu'est-ce que tu vas encore inventer ?

Ils étaient allés dîner à la Cave Valaisanne, de l'autre côté de la place, et l'atmosphère avait été sereine de bout en bout.

Pavlina se réveilla :

— Qu'est-ce qui se passe ? Vous êtes fâchés ?

— Je vous veux à l'envers ! fit Alexis, toujours chuchotant. Maintenant !

Il voulait les voir collées l'une à l'autre, dans leur féminité. Dans leur intimité. Dans leur sensualité extrême, les seins de l'une plaqués sur le ventre de l'autre, la langue de l'une plongée dans le sexe de l'autre. Il les voulait ainsi, à cet instant, parce qu'il avait envie de saisir d'elles cette image, mais aussi parce qu'il voulait qu'elles fassent ce qu'il leur demandait, même si elles n'aimaient pas le faire. Surtout pour cela. Il voulait s'assurer qu'elles étaient prêtes à passer outre, car elles l'aimaient par-dessus tout.

13 juillet

— Et la composition ? lança Kleiner en souriant. Vous avancez ?

Alexis resta silencieux.

— Il m'avait semblé que vous y preniez plaisir.

À nouveau, il ne répondit pas.

Cette fois-ci, Kleiner laissa le silence s'installer.

— Les idées viennent, fit enfin Alexis. Mais ce sont de petites pièces… Des airs gracieux, qui font plaisir à écouter, rien de plus.

Kleiner continua de ne rien dire.

— Il doit y avoir autre chose, reprit Alexis.

— Vous entendez : en vous-même ? Dans la vie ?

— Non. En musique. Autre chose. J'en suis certain. Une vérité. Mais où ? Dans la composition ? Dans la façon de diriger ? De jouer ? Je ne sais pas.

Il s'arrêta, resta à nouveau silencieux, puis après une longue minute fit de la main un geste large :

— Quelque part.

98

15 juillet

— Tu as fait dix longueurs ! s'exclama Pavlina. Bravo !
Elle ruisselait, les mains cachées sous son drap de bain, le visage radieux.
— Ça devient plus facile, fit Alexis.
Il s'arrêtait encore bien avant elle, qui alignait seize longueurs d'une traite.
— Dans un mois tu me suivras ! Allez, on va s'habiller !
Il se sentit serein. Les deux femmes l'inondaient de tendresse. Il n'avait jamais vécu des jours aussi heureux.
Pavlina était sur le chemin des vestiaires lorsqu'une voix de femme cria son prénom. Elle tourna la tête et reconnut l'une des collègues de l'atelier. C'était une Espagnole d'une quarantaine d'années, grande de taille et forte :
— Tu vois, je suis venue !
Elle avait dit : "Tu bois, je suis benue." Les deux femmes s'embrassèrent trois fois, à la genevoise, après quoi l'Espagnole garda ses deux mains sur les épaules de Pavlina et la couvrit du regard, de haut en bas :
— *Mamá qué guapa !* Tu es une vraie bombe ! Regarde ce corps…
Elle avait dit : "braie vomve", et Pavlina avait souri, autant pour son accent que pour le compliment.

— Regarde-moi, comme je suis molle ! Partout ! Touche !

Elle se retourna et pouffa :

— Tu vois ? Le désastre ! Allez, je vais maigrir dans l'eau. À demain, *querida*.

À nouveau elles s'embrassèrent trois fois avec chaleur.

Alexis était perdu. Elles étaient amantes… Ça crevait les yeux… Rien qu'à leur façon de s'embrasser, serrées l'une contre l'autre… Il imagina Pavlina dans les bras de l'Espagnole qui refaisait les gestes qu'elle avait eus avec Tatiana… Elles se dévoraient la langue, se suçaient les seins, se léchaient partout… C'était comme si elles faisaient l'amour sous ses yeux.

— Qu'est-ce qu'il se passe ?

Pavlina le regardait, l'air inquiet :

— Tu es blanc ! Une chute de tension… Je vais te chercher une barre de chocolat.

Elle partit en courant en direction des vestiaires.

Il était malheureux. Cette façon qu'elles avaient eue de se frotter les seins… La coïncidence de leur rencontre n'était qu'une mise en scène. Une tromperie cruelle… Quant à lui… Il était là pour être tourné en bourrique…

— Tiens !

Pavlina lui tendait une barre chocolatée.

Il ne réagit pas.

Elle approcha son visage du sien et le regarda, l'air inquiet :

— Qu'est-ce que tu as ?

Il fit quelques pas en direction des vestiaires puis rebroussa chemin :

— Tu me prends pour un crétin ?

Elle continua de le dévisager :

— De quoi parles-tu, pour l'amour du ciel ?

— Tu crois que je n'ai pas compris ?

Il avait le regard mauvais :

— Vous vous dévoriez la langue, avec la grosse !

Elle se mit à trembler :

— Pour l'amour du ciel, Alexis, ne dis pas ça ! Je t'aime… Nous t'aimons…

À nouveau il lui tourna le dos, fit deux pas, puis se ravisa :

— Et la barre chocolatée, tu peux la donner à ta grosse Espagnole ! Qu'elle se la mette où je pense !

15 juillet

Au début, Tatiana l'embrassa sur le dos ou dans le cou alors qu'il était couché sur Pavlina, puis elle alla chercher la bouche de Pavlina, la trouva pour un court baiser, recommença, et enfin comprit que Pavlina et Alexis voulaient faire l'amour comme s'ils étaient seuls. Alors elle leur tourna le dos, et ils firent l'amour avec une tendresse particulière.

Après le plaisir, ils restèrent l'un sur l'autre une longue minute, puis Alexis chuchota dans l'oreille de Pavlina, en grec :

— Tu me pardonnes, pour cet après-midi ?

— Je t'aime, répondit Pavlina. Je t'aime infiniment.

100

17 juillet

Il passa la soirée à la table de la salle à manger, à composer des ritournelles pour piano et flûte, dans des tonalités prises au hasard.

Il tournait en rond, à noircir du papier à musique pour rien.

Vers deux heures du matin, il alla se coucher.

18 juillet

Debout à la fenêtre du salon, il guettait depuis plus d'une heure.

Tatiana arriva enfin par la rue de l'Arquebuse. À l'angle de la place du Cirque, elle fit quelques pas, comme si elle voulait traverser hors du passage piétons. Puis elle se ravisa, remonta la place et passa devant chez Remor. Deux hommes se levèrent. Elle les embrassa. L'un d'eux retira une chaise d'une autre table et attendit, debout, que Tatiana prenne place. Ils semblaient parler en même temps. Tatiana riait. Elle fit un geste vague en direction de l'immeuble, et Alexis se recula d'un pas, mais il continuait de les apercevoir. Les deux autres riaient aussi.

Il était à nouveau au fond du trou.

Qu'est-ce qu'il savait d'elles ? De leur intimité ? Sans doute avaient-elles eu des amants. Bien sûr ! Des hordes d'amants ! Peut-être qu'elles l'aimaient. Mais comme elles aimaient les autres... Pas plus. En tout cas, pas beaucoup plus. Pas infiniment plus... Pas comme il aurait voulu. Pas au point que les autres n'existent pas.

Un garçon s'approcha de la table pour prendre la commande, mais Tatiana fit non de la tête et se leva. En partant, elle embrassa à nouveau les deux hommes.

Lorsqu'elle arriva à l'appartement, il ne dit rien.

Rester digne, c'était sa règle.

22 juillet

— Il n'a pas voulu me voir.

Menahem secoua la tête, s'approcha du combiné et mit un disque :

— *Danses slaves* de Dvořák en version piano, mon Mikaël. Écoute Barenboïm…

Il resta debout près du lit, les mains nouées derrière le dos, le regard sur le visage de son fils. Après quelques minutes, il sentit ses yeux se brouiller :

— La dixième danse… Pour moi, c'est la plus belle. Qu'en dis-tu, mon trésor ?

Il écouta le morceau jusqu'au bout, fit : "C'est trop beau", et retourna s'asseoir, écrasé de chagrin.

31 juillet

Ils étaient chez Remor, installés sur la banquette du fond.

— Pardon pour l'autre jour, fit Alexis. Je n'étais pas en état.

Il eut une moue de dérision :

— Ces temps-ci, je tourne en rond.

Menahem posa la main sur son bras :

— Oublions cela. J'ai une requête à vous présenter.

Il laissa passer quelques secondes, les yeux sur sa tasse de café :

— Je ne sais pas ce qui se passe dans le cerveau de mon fils. Est-ce qu'il m'entend lorsque je lui lis les journaux ? Est-ce qu'il suit mes commentaires ? Est-ce qu'il rit de mes jeux de mots ou des accents que je prends ?

Il chercha les yeux d'Alexis :

— Je lance des bouées, dans l'espoir qu'il s'y accroche. Chaque jour, nous écoutons de la musique. Pas question que je lui mette une musique de fond et que je le laisse seul. Je lui parle d'un morceau, nous l'écoutons, après quoi nous en discutons, enfin, vous comprenez…

Alexis hocha la tête :

— Donc ?

— J'ai demandé à la clinique si on pouvait déplacer Mikaël dans la chambre située en bout de couloir. Elle est placée entre la lingerie et le local des infirmières, ce qui l'isole des autres chambres. Et puis c'est une pièce un peu plus grande. Il y a assez de place pour installer un piano droit.

Il s'arrêta, les yeux à nouveau dans ceux d'Alexis :

— Vous accepteriez de jouer pour Mikaël ?

Alexis haussa les épaules :

— Moi ou un disque…

— Un disque, dites-vous… C'est la vraie émotion que je voudrais offrir à Mikaël. Celle de la vie. Celle qui nous tombe dessus comme une surprise.

— Vous avez de la musique une trop grande idée…

Menahem le regarda sans répondre.

— Vous voulez que je vienne jouer ?

Menahem hocha la tête en silence.

— Je viendrai, reprit Alexis.

2 août

— Les semaines qui nous attendent seront difficiles, fit Kleiner.

Alexis détourna le regard.

— Avez-vous envisagé la possibilité de revenir à Bel-Horizon ? Le temps que les choses se calment… Vous pourrez en repartir à tout moment, vous le savez.

— Je vais très bien, répondit Alexis.

Le psychiatre hocha lentement la tête, puis après un long silence, demanda :

— Votre traitement ? Pas d'effets secondaires ?

— Aucun.

— Vous le prenez régulièrement ?

— Deux fois par jour chaque jour.

2 août

— Vous vouliez me voir, fit Alexis.

Ils étaient chez Remor, sur la terrasse, à l'heure où fermaient les magasins. La circulation était si dense et bruyante que pour s'entendre, ils devaient se pencher l'un vers l'autre jusqu'à presque se toucher la tête.

Sacha resta silencieux.

— Je vous écoute, reprit Alexis.

Sacha continua de rester silencieux durant quelques secondes, déglutit, puis se mit à parler avec émotion :

— Nous, les musiciens…

Alexis l'interrompit :

— Vous ne devriez pas être à Saint-Pétersbourg ? Vous y allez chaque année, il me semble…

Sacha baissa les yeux :

— J'ai annulé le voyage.

— Il y avait un motif particulier ?

— Aucun, fit Sacha.

Il avait l'air embarrassé :

— Absolument aucun. Je voulais rester à Genève durant l'été, c'est tout.

Alexis chercha son regard.

— Si j'ose reprendre… fit Sacha.

Il leva enfin les yeux :

— Nous, les musiciens… Nous sommes les prêtres. Nous disons la messe. C'est important de dire la messe, bien sûr. Mais il y a une chose plus essentielle encore. Ce sont les paroles de la messe. Les mots saints. Ceux qui nous aident à vivre. C'est l'œuvre des compositeurs…

Il se leva :

— C'est à ce monde que vous appartenez, maestro. J'espère de tout cœur que vous composerez une grande œuvre.

106

3 août

Il avait passé des heures dans un état de demi-sommeil, couché sur le dos au bord du lit, agité par le souvenir du dîner qui s'était mal passé.

Vers trois heures du matin, il se réveilla pour de bon, dans une rage folle.

Pavlina avait préparé une tarte aux épinards. Elle l'avait fait à la va-vite, forcément. Et elle l'avait ratée. Quand on fait une chose sans y prêter la moindre attention, on la rate, voilà tout.

Bien sûr, il avait laissé sa part de tarte sur son assiette. "Je t'assure que c'est assez cuit", lui avait glissé Tatiana.

Il n'en pouvait plus de cet air doucereux qu'elle prenait chaque fois qu'elle voulait le convaincre d'une chose sur laquelle ils n'étaient pas d'accord.

"Mange les bords !", avait-elle ajouté, "tu verras qu'ils sont bien cuits."

"Je te fais une omelette ?", lui avait demandé Pavlina. "J'ai une très bonne féta… Si tu veux, je te fais une omelette à la féta…"

Qu'est-ce qu'elle avait à le regarder d'un air craintif ? Comme s'il allait la battre… La tarte était mal cuite, voilà tout ! Et ces deux-là le prenaient pour un crétin !

Il ne voulait pas se transformer en quelqu'un à qui on dirait : "Tu-es-le-dindon-de-la-far-ceu, na-na-na-nè-reu !" Qui devait rester là, à tout accepter. À sourire comme un niais… Non, non et non ! De ça, pas question ! Mais alors pas une-seule-seconde !

Être le dindon de la farce, ce n'était pas un rôle pour lui !

Maintenant, il avait envie d'en découdre. Il alluma la lampe de chevet et vit Pavlina blottie sur Tatiana qui l'entourait de ses bras. La vision de cet abandon le plongea dans la colère. Cet amour immense, cette nudité si tendre, elles se les gardaient ! Alors qu'elles les lui avaient promises ! À lui seul ! Et pour toujours ! Elles le trahissaient !

— Dites donc, les deux…

Il ne voulut pas en dire plus. Il devait rester digne. Ferme, mais digne.

Tatiana se dégagea du corps de Pavlina et, les yeux mi-clos, jeta un coup d'œil au réveil :

— Pour l'amour du ciel, il est trois heures et quart du matin…

— Qu'est-ce qu'il se passe ? demanda Pavlina, la tête dans l'oreiller.

— Qu'est-ce qu'il se passe ? siffla Alexis. Il se passe que tu te vautres sur Tatiana ! Voilà ce qu'il se passe !

— Calme-toi, fit Tatiana. Nous avons fait l'amour tous les trois, c'était très bien. Maintenant, nous sommes fatiguées, nous dormions, c'est tout.

— De nouveau des histoires… grommela Pavlina.

— Séparez-vous ! lança Alexis.

— Mais nous sommes séparées, protesta Tatiana, regarde !

— Vous vous touchez ! Séparez-vous, je te dis !

D'un coup, il enjamba le corps de Tatiana, et se laissa tomber sur le dos.

— Aïe, cria Pavlina.

Elle bascula sur le côté, essaya de s'agripper au lit, et dans un bruit sourd tomba face contre terre.

— Tu es fou ! hurla Tatiana. Regarde ce que tu as fait !

— Un fou ? cria Alexis, c'est ça que je suis pour vous ? Un fou ? Ou une bite ! Une grosse bite qui vous arrange ! Vous devez dire à vos amis : c'est une bite qu'on a à la maison.

Il se tourna vers Pavlina :

— Je te vois déjà le dire à ta grosse Espagnole. Comment on dit bite en espagnol ? *Tenemos una bita a casa ?* C'est ça ?

Debout à côté du lit, tremblante, Pavlina se tenait le côté gauche du visage. Elle éclata en sanglots.

— Mais qu'est-ce qu'elle a encore ! Elle ne fait que pleurnicher, celle-là !

— Tu lui as fait mal ! cria Tatiana. Voilà ce qu'il y a !

Elle se leva du lit, s'approcha de Pavlina et observa son visage avec attention :

— Demain elle aura un bleu sur la moitié du visage ! Tu es content ?

Il baissa la tête.

— Comment elle va faire pour aller au travail ?

Elle quitta la chambre et revint quelques instants plus tard avec un torchon de cuisine noué autour de quelques cubes de glace. Elle le tendit à Pavlina qui continuait de sangloter :

— Tiens ça contre ta joue.

Elle l'embrassa sur la tête et se tourna vers Alexis :

— J'espère que tu es fier de toi !

Il resta tête baissée.

— Maintenant, on dort ! lança Tatiana.

Elle se tourna vers Pavlina :

— Couche-toi ma chérie. Peut-être que ce ne sera rien.

Pavlina s'étendit au bord du lit, le torchon pressé contre sa joue.

Le regard toujours baissé, Alexis murmura :

— Je voudrais rester entre vous.

Tatiana soupira et secoua la tête.

— Pas pour vous séparer, reprit Alexis. Pour que vous me preniez dans vos bras.

Il réprima un sanglot :

— J'ai tellement honte.

Il se tourna, se colla à Pavlina et l'embrassa sur les cheveux :

— Pardonne-moi, ma Pavlina ! Je t'en supplie… J'ai besoin que vous m'aimiez… Sinon je suis perdu, tu comprends ? Complètement perdu.

Elle se retourna et lui caressa la joue.

Il se mit à pleurer en silence :

— Toi aussi, pardonne-moi, ma Tatiana.

— Je te pardonne, fit Tatiana.

Elle soupira :

— Espérons qu'elle n'aura pas le visage bleu.

Elle éteignit la lampe de chevet.

Il y eut un court silence.

— Prenez-moi entre vous, chuchota Alexis. S'il vous plaît.

Tatiana ne bougea pas.

— S'il vous plaît, répéta Alexis. Je vous en supplie.

— Viens contre moi, fit Tatiana d'une voix lasse. Mais quelques minutes, d'accord ? Après, on dort.

— D'accord, reprit Alexis. Mais Pavlina aussi.

— Je viens, souffla Pavlina. Bien sûr que je viens.

4 août

Elles étaient injustes. Très injustes, même ! Elles le faisaient souffrir... Elles jouaient avec lui comme le chat avec la souris ! Et après, elles se plaignaient qu'il se révolte... Elles avaient la belle vie ! Elles allaient à leur travail, tranquilles, pomponnées... Et lui restait là, à les attendre...

La nuit précédente, elles avaient fait une histoire pour rien. Pavlina avait à peine une ombre. Une petite ombre bleu pâle de rien du tout. Tatiana lui avait appliqué un fond de teint et personne ne pouvait deviner quoi que ce soit.

Pour finir, il était toujours le seul à payer.

Si elles allaient au travail, c'était pour se faire flatter les seins et le ventre, il l'avait bien compris... Il les voyait comme si elles étaient devant lui, à sourire pendant qu'on leur caressait les seins... Comme si elles étaient devant lui ! Et je te glisse mon doigt ici, et je te glisse mon doigt là...

Et lui restait à la maison, à se faire du mauvais sang.

Il aurait aimé qu'ils vivent loin des autres. Loin de tout. Qu'elles s'occupent de lui et de lui seul. Qu'elles le couvrent de leur tendresse, le rassurent et lui disent qu'elles l'aiment.

108

4 août

L'orage avait plongé Genève dans le noir. Ses quais, déserts malgré la saison, disparaissaient sous les trombes d'eau. Sur le lac, la bise creusait de petites vagues méchantes et les éclairs tombaient à deux ou trois à la fois, par rafales.

La limousine de Menahem roulait à faible allure. Un quart d'heure plus tôt, il était passé place du Cirque chercher Alexis. Il l'avait salué très vite, dans l'appréhension de ce qui les attendait, après quoi ils n'avaient pas échangé un seul mot durant tout le trajet.

Au moment où la limousine quitta l'autoroute, Menahem s'éclaircit la gorge :

— Je vous suis infiniment redevable.

Alexis ne réagit pas.

Arrivés à la clinique, ils montèrent un étage par l'escalier.

— Au bout du couloir, fit Menahem.

Ils parcoururent une dizaine de mètres et se retrouvèrent devant une porte sur laquelle une petite pancarte indiquait : "Pas de visites."

Menahem posa la main sur la poignée et se tourna vers Alexis :

— Merci infiniment.

Puis il poussa la porte qui glissa sans un bruit.

Alexis suivit Menahem dans la pièce, posa son regard sur Mikaël et resta ainsi immobile, les yeux sur le visage de l'enfant, dans un silence traversé par le bruit régulier du respirateur. Menahem était aux aguets, dans la crainte de voir Alexis quitter la pièce :
— C'est Mikaël.
Puis il regarda son fils :
— Maestro Kandilis va jouer pour nous.
Il sourit, ajouta :
— Je ne t'ai pas dit bonjour…
Il s'approcha du lit, caressa les cheveux de Mikaël et l'embrassa sur le front :
— Bonjour mon trésor.
Puis il se redressa et se tourna vers Alexis.
— Vous voulez bien ?
Alexis quitta Mikaël des yeux. À droite du lit se trouvait un Bösendorfer.
Il demanda :
— Votre fils parle allemand ?
— Un peu, pourquoi ?
Alexis resta pensif quelques instants. Puis il s'assit au piano, plaqua trois accords en *ré* mineur et se mit à chanter *Les chants des enfants morts*.

Nun will die Sonn' so hell aufgehn
Als sei kein Unglück, kein Unglück die Nacht geschehn

Maintenant le soleil va se lever dans sa clarté
Comme si nul malheur, nul malheur la nuit n'était arrivé

Menahem le regarda, sidéré. Fallait-il qu'Alexis choisisse ce morceau ? Mikaël n'était pas mort. Il était au royaume du silence, pas au royaume des ténèbres.

Mais la musique était si belle… L'accompagnement au piano si délicat… Et la voix d'Alexis si chaude et douce… Alors il ne protesta pas. Et debout au pied du lit, les yeux posés sur les épaules d'Alexis, il se mit à pleurer en silence.

Alexis poursuivit. Sa voix n'arrivait pas à couvrir toute la tessiture et se brisait de temps à autre sur une note.

Il chanta le deuxième poème :

> Wir möchten nah dir bleiben gerne
> Doch ist uns das vom Schicksal abgeschlagen

> *Nous aimerions volontiers rester près de toi*
> *Mais cela nous est refusé par le destin*

Au troisième chant, celui de la ritournelle, le souvenir de l'accident l'assaillit.

Il avait plu à verse. Une fois ou deux durant l'été, un orage arrivait avec le vent du sud et balayait Spetses.

Le matin, Alexis et son frère avaient joué aux cartes avec leur mère. C'était doux de s'ennuyer une matinée d'été sur une petite île, à jouer aux cartes avec sa mère et son petit frère.

Après le déjeuner, ils étaient montés faire la sieste. Alexis savait que sa mère s'endormirait dans les cinq minutes, alors il avait lancé à son frère : "Viens !" Nikos avait souri, ils étaient sortis en faisant attention de ne pas réveiller leur mère et ils avaient couru aussi vite qu'ils avaient pu jusqu'à la plage d'Ayos Mamas.

Elle était déserte.

Dans l'eau, ils s'étaient amusés à faire la planche, pour prendre la pluie chaude en plein visage.

Après une dizaine de minutes, Nikos avait dit qu'il en avait assez, et Alexis lui avait crié de l'attendre, alors Nikos avait été s'asseoir sous l'eucalyptus et la foudre l'avait tué.

Alexis entama le quatrième chant :

> *Ils n'ont fait que passer devant nous*
> *Et ne reviendront pas à la maison*

Ils n'ont fait que passer devant nous… C'est ainsi que nos vies ont basculé, se dit Menahem. Ainsi exactement. Mikaël courait le long de Dizengoff, dans l'impatience de commander un baba, et tout ce que voulait Menahem, à cet instant, c'était que son fils dise "je veux un baba, *aba*". Il s'était dit qu'ils allaient rire très fort lorsqu'il l'aurait appelé *aba*, sa femme allait lever les yeux, elle serait anéantie d'émotion lorsqu'elle entendrait son fils appeler Menahem *aba*, elle pleurerait de joie, sans doute qu'elle éclaterait en sanglots.

Alors Mikaël avait traversé Gordon Street et c'était la fin du monde.

Au cinquième chant, Alexis se souvint de la petite flûte qui attaquait sur le *ré*, puis descendait sur le *do* dièse dans une émotion délicate. Il la rendit avec toute la distinction qu'il put. La voix était petite, cachée sous une orchestration opulente, mais elle était entêtée. Elle voulait se faire entendre :

> *Sous cet orage, sous ce vent, sous cette rafale*
> *Ils reposent comme dans la maison maternelle*

Morendo diminuendo, disait la partition.

Morendo. C'est-à-dire mourant.

Il joua les derniers accords.

Lorsqu'il s'arrêta, il était en larmes. Derrière lui, Menahem éclata en sanglots, et ils restèrent ainsi, sans se regarder.

Puis Menahem dit :

— Merci. Du fond du cœur.

Il hésita, eut un geste étrange des deux mains :

— Pourquoi ce morceau ?

— Je voulais qu'il comprenne combien il vous manque, répondit Alexis, le regard sur le pupitre du piano.

Il ajouta :

— Mon frère cadet est mort frappé par la foudre. Nous nagions tous les deux. Il a voulu rentrer à la maison. Je lui ai demandé de m'attendre. Et la foudre l'a frappé.

Menahem resta figé.

— Lorsque vous dirigez un lied, les mots s'incrustent en vous, reprit Alexis. Hier, les cinq poèmes me sont revenus comme si je les avais quittés la veille.

Menahem hocha la tête :

— Je suis sûr que vous l'avez infiniment touché.

Après un silence, il demanda :

— De qui sont les textes ?

— De Rückert, fit Alexis. Friedrich Rückert.

Lorsque la limousine déposa Alexis place du Cirque, l'orage avait cessé.

Au moment où il sortit de la voiture, il eut un vertige et resta au bas des marches de l'immeuble, les yeux fermés. Puis le vertige s'estompa. Alexis attendit une dizaine de secondes, la main sur le front, puis traversa le boulevard et se rendit à la Librairie allemande, en face de chez Remor. Il savait que *Les chants des enfants morts* comprenaient un grand nombre de poèmes. Mahler en avait choisi cinq. Il voulait découvrir les autres.

Il les trouva réunis dans une édition bilingue. Ils étaient au nombre de quatre cent vingt-huit.

Lorsqu'il remonta à l'appartement, Pavlina et Tatiana étaient au salon. Il les salua à peine et alla s'étendre dans la petite chambre.

Il lut *J'étais le mari, le père, et tu étais mon enfant*. Et puis *Je ne t'ai jamais vue te réveiller*, et *Toi, le printemps de la vie*, et *Mon petit ange, mon petit ange*. Et une dizaine encore. Chacun de ces poèmes éclatait de douleur et de beauté.

*

Que s'était-il passé l'après-midi de l'accident ? Quelles explications avait-il données à ses parents ? Comment avaient-ils réagi ? Étaient-ils rentrés le lendemain à Athènes, avec le corps de Nikos ? Par le bateau qui faisait la navette ? En voiture ? Il ne s'en souvenait pas.

De l'enterrement non plus, il n'avait gardé aucun souvenir. Son frère reposait à ce qu'on appelait le Premier cimetière, il le savait, et s'il connaissait ce détail, c'était parce que sa mère en parlait souvent. De son père, il gardait l'image floue d'un homme détaché du monde, muet durant des mois. L'immeuble qu'ils habitaient rue Patission semblait pétrifié par la mort de Nikos. Cette année-là, il ne croisa pas un voisin sans que celui-là ne lui caresse le visage ou les cheveux, en même temps qu'il lui disait une parole de réconfort.

Qui avaient été ces voisins ? Il ne le savait plus.

L'été suivant, il n'était pas question de retourner à Spetses. Ses parents et lui s'installèrent au Lido du

Vieux Phalère, dans la banlieue d'Athènes. L'hôtel possédait un piano entreposé dans la lingerie du premier étage et auquel personne ne touchait. Alexis se l'appropria et y joua chaque jour durant des heures, sous le regard admiratif de Boubouka, la petite-fille des propriétaires âgée de huit ans. "Plus tard, tu seras célèbre !", lui dit-elle un midi. Après un instant de réflexion, elle ajouta, l'air sérieux : "Je sais ce que je dis."

Ce fut en pensant à Boubouka qu'il retrouva l'instant où il était sorti de l'eau. Il se vit approcher de son frère. Nikos était couché au pied de l'eucalyptus. Il fait semblant d'être mort, s'était dit Alexis. Il l'avait appelé, deux fois, Nikolaki ! Nikolaki ! Puis il s'était accroupi et avait cherché le regard de son frère. Le souvenir se brouilla à nouveau, puis l'image de Nikos revint. Il avait les yeux mi-clos. Alexis l'avait secoué à l'épaule, Nikolaki ! Arrête ! Mais son frère était resté inerte. Alors Alexis s'était relevé et s'était mis à hurler.

Il se souvint aussi qu'il avait aussi eu à cet instant, tout au fond de son cœur, au fin fond de son cœur, une petite lueur de contentement. Un plaisir mordant, rapide, à l'idée qu'il n'y avait plus de Nikos. Et que lui, Alexis, ne serait plus celui qu'on aime moins que l'autre.

*

Il éclata en sanglots et se mit à hurler :
— *Ohi Nikolaki ! Me sihoris, Nikolaki*[1] *!*

Tatiana et Pavlina accoururent. Il pleurait et tremblait. Elles lui parlèrent, le caressèrent, essayèrent de l'apaiser. Mais rien n'y fit.

---

1. "Non, Nikolaki ! Pardonne-moi, Nikolaki !"

Une heure plus tard, il continuait de sangloter. Alors elles l'aidèrent à se lever et l'emmenèrent dormir avec elles.

5 août

Au moment où il se réveilla, sa tête éclata de mélodies. Elles s'entremêlaient, se chevauchaient, puis se détachaient les unes des autres. Il les voyait dans leurs enchevêtrements, en toute clarté, et les inscrivait en mémoire sans une hésitation.

Il y avait là, tout près de lui, un monde sur le point d'être révélé. Un univers qui offrirait à la fois l'intimité de la musique de chambre et la puissance d'un grand ensemble symphonique. Qui allierait la force à la délicatesse. Qui donnerait à chacun le goût d'être à la fois fort et tendre.

Il devait révéler cette musique nouvelle.

6 août

— J'ai un rendez-vous avec ma doyenne ! Je file !

Tatiana embrassa Alexis en vitesse, sur les cheveux, quitta l'appartement, et dévala l'escalier sans prendre le temps d'appeler l'ascenseur.

À peine hors de l'immeuble, les yeux clos, elle aspira profondément et expira.

Malgré l'amour et la tendresse, malgré le désir et le plaisir des nuits, la cohabitation était devenue invivable. Alors chaque jour, elle inventait une réunion, une classe de rattrapage, un problème administratif, et s'échappait.

Elle traversa la place en courant, emprunta la rue de l'Arquebuse et eut un vertige. Sur la devanture du petit kiosque, la manchette de la *Tribune de Genève* annonçait en grandes lettres noires :

GENÈVE, CENTRE
DU MONDE SYMPHONIQUE

Au-dessus, en caractères plus petits, on pouvait lire :

Grâce à Beethoven

Elle s'approcha du kiosque et resta debout devant la vitrine, terrifiée à la perspective de découvrir l'article.

Finalement elle entra, acheta le journal et s'installa chez Remor, sur la terrasse.

LES GRANDS DE CE MONDE À GENÈVE

Le titre faisait toute la largeur de la une. Le cœur battant, elle lut l'article trois fois, d'abord en diagonale, puis plus posément, et enfin de façon complète.

Le journaliste avait réussi à obtenir la liste des privilégiés admis aux répétitions. Il citait les noms de Jeffrey Paternoster, le principal mécène, mais aussi ceux d'Anne de Ferretti, propriétaire des laboratoires du même nom, et de plusieurs membres du Cercle des Trente, dont Mike Petropoulos et Sven Aksold, les richissimes armateurs.

Elle acheva sa lecture, leva la tête et se sentit chavirer. Debout à la fenêtre de la cuisine, Alexis la regardait, le visage immobile.

Ils restèrent les yeux dans les yeux durant une seconde ou deux, puis Alexis s'éloigna.

Il viendrait la confronter, elle en était sûre.

Une minute plus tard, il était face à elle :

— Je croyais que tu avais un rendez-vous.

Elle cacha le journal de ses bras et bredouilla une excuse. Sa doyenne l'avait appelée alors qu'elle était encore dans l'escalier, le rendez-vous était déplacé, mais elle ne savait pas encore à quand, si bien que…

Il ne la laissa pas terminer :

— Qu'est-ce que tu lisais avec tant d'intérêt ?

Elle secoua la tête :

— Rien.

— Je te regardais et j'avais l'impression du contraire.

D'un geste brusque, il retira le journal de sous son bras.

— Ne le lis pas. S'il te plaît.

Il jeta un coup d'œil à la une, chercha la page 19 et lut l'article debout, le visage impassible. Puis, toujours debout, il se mit à pleurer.

— Demain, les gens parleront d'autre chose, fit Tatiana.

Elle se leva et lui caressa le visage :

— Tu connais la presse… Allez, rentrons.

Il ne répondit pas.

Elle ramassa le journal, le plia et le posa sur la table :

— Tu ne dois pas faire attention. Et puis, tu le sais, ce n'est que le début… Allez, viens.

Il la suivit en silence.

6 août

— Il faut espérer qu'il n'ait pas lu l'article, fit Menahem. Cela dit, dans les semaines qui viennent, les journaux ne parleront pas d'autre chose…

Il secoua lentement la tête :

— J'ai quelquefois le sentiment qu'il va s'en sortir. Et puis tout bascule à nouveau.

Il regarda son fils :

— Qu'en dis-tu, mon Mikaël ?

8 août

— Tu ne veux pas venir à table ?
Il ne répondit pas.
Depuis deux jours, il passait son temps au piano, le regard sur le pupitre. Sans jouer. Il était à deux doigts. Non. À deux millimètres de découvrir une nouvelle galaxie. À un souffle d'être aimé du monde entier.
Avec intensité. Avec abandon.
Il allait faire découvrir au monde des émotions insoupçonnées.
Il allait ramener la paix sur terre.

113

8 août

Peu avant minuit, l'idée le frappa comme une gifle.
Plus de chef ! Fini le chef ! Des musiciens aux aguets à chaque seconde. À chaque millième de seconde. Des musiciens qui s'écoutent. Fini de compter les mesures dans l'attente de jouer *la ré* ! Un dialogue permanent ! Une tâche dix fois, cent fois plus délicate !

La clef, c'était l'orchestration des entrées. Attaques tranchantes, par hautbois, trompettes, violons… Pas de cordes graves ! Pas de clarinette ! Trop mou, le son de la clarinette ! Ou alors un *slap*, coup de langue sur la clarinette basse, un bruit net ! Ou encore des départs donnés par des cloches tubulaires. Clong ! Clong ! Des signaux nets ! Tranchants ! Ou encore la caisse claire, le xylophone, les woodblocks. Ou alors de petits coups de harpe, très clairs…

Des transitions qui éclatent ! Comprises par tous ! Suivies par tous ! Et soudain, cent musiciens dialoguent comme s'ils étaient quatre ou six ! Des orchestres symphoniques qui jouent en intimité. En transparence.

Il s'était cassé la figure à l'Albert Hall. Carambolage au quatrième mouvement. Les voix de femmes qui démarrent à l'unisson à la mesure 659, lui qui lève les yeux sur les ténors à la 660, et puis l'horreur. Quarante secondes de décalage. La fin du monde.

Et pourtant… Jack Masri avait écrit : "Jamais une soirée aux Proms ne m'aura autant pétri d'émotion." Lui avait été inopérant. Inexistant. Le concert s'était fait sans chef. L'orchestre avait frôlé la catastrophe. La clef de tout se trouvait dans son échec !

Il fallait placer l'orchestre au bord du précipice… Lui faire courir des risques insupportables ! Inhumains ! Un orchestre au bord du gouffre, là était la vérité ! Chaque musicien au bord du volcan ! Une obligation de concentration inouïe ! La catastrophe ou le salut ! Mais alors, quelle émotion ! Quelle intensité !

Il imaginait les visages, dans l'orchestre. À la fois tendus et sereins. Illuminés de l'intérieur. Beaux comme des visages d'apôtres pris par leur mission.

Le spectateur se retrouverait au bord du précipice, lui aussi. Finies, les émotions faciles qui déclenchent des tonnerres d'applaudissements et dont il ne reste rien dans les minutes qui suivent. Le public connaîtrait des sensations nouvelles. Sur les visages des musiciens, dans leurs regards, leurs postures, il lirait le don de soi, à chaque seconde. Il quitterait le concert épuisé de bonheur, ivre d'avoir été autant consolé, d'avoir ressenti, à chaque fraction de seconde, autant de fraternité.

Et lui, Alexis, serait aimé de tous ! Oui, de tous ! Des spectateurs et des musiciens ! Surtout des musiciens ! Chacun d'entre eux serait soliste ! Ils lui diraient : "Tu nous as mis au bord du volcan ! Tu nous as rendu notre honneur, et pour cela notre gratitude est infinie." Ils l'aimeraient pour toujours, les musiciens ! Il serait un des leurs, un homme parmi les hommes.

Il fallait les placer en amphithéâtre. Pour qu'ils se voient tous. Pour qu'ils s'écoutent. Qu'ils se parlent. À chaque instant.

Voilà ce qu'il devait faire. Les mettre en demi-cercle. Et orchestrer des attaques tranchantes comme une guillotine.

Mahler avait choisi cinq poèmes des *Kindertotenlieder*. Lui en choisirait vingt-quatre ! Vingt-quatre chants ! Un dans chacune des tonalités ! Un dans chaque climat musical. Dans chaque état d'âme… Il composerait le plus grand cycle symphonique de lieder jamais conçu !

Départ du *do* majeur, lumineux, majestueux, puis le *la* mineur nostalgique, et ainsi de suite, une couleur par lied, et le vingt-quatrième qui clôt la boucle. Toutes les émotions de la vie.

Et un orchestre qui joue sans chef ! Qui accueille et fond l'intimité du chant dans une musique chargée d'humanité.

Non. Il allait faire plus. Pas vingt-quatre chants, mais dix fois vingt-quatre !

Il commença avec le cent deuxième poème :

> *Hier je l'ai remis dans les mains de Dieu*
> *Pensant qu'il était mort*
> *Puis je me retrouvai près de lui, encore vivant*
> *Et alors que j'étais dans la joie d'avoir reçu un cadeau aussi somptueux*
> *Je l'ai perdu à nouveau*

Il joua quelques notes. Très vite, le lied se mit en place. *Mi* mineur autour du *si*, avec un *si* à chaque noire, qui déchirait.

Attaque du hautbois solo sur le *si*. Reprise du thème par les cordes graves.

Toute la tristesse du poème était là. Sous ses notes. Il l'avait, sa mélodie. Pas même besoin de l'écrire. Gravée dans sa tête pour toujours.

Puis construction en octaves qui débute dans les graves et monte jusqu'à la tessiture la plus aiguë.

Personne n'avait composé une telle musique.

Il ferma les yeux et écouta l'orchestre. Il jouait comme jamais aucun orchestre n'avait joué.

Il soupira, apaisé, et s'attaqua au lied suivant :

Du hattest ein viel zu grosses Glück

Tu avais une chance bien trop grande

Les notes venaient d'elles-mêmes. Tout se mettait en place.

Il imagina les titres des journaux :

LE PAYSAGE SYMPHONIQUE BOULEVERSÉ

ORCHESTRES SYMPHONIQUES :
LA RÉVOLUTION D'OCTOBRE

UN MONDE NOUVEAU

À quatre heures du matin, Tatiana le trouva endormi au piano.

9 août

La veille au soir, il avait à peine éteint la lumière que Pavlina s'était serrée contre lui : "Nous t'aimons tant, si tu savais." À son tour, Tatiana s'était rapprochée et l'avait embrassé sur la bouche.

Il s'était perdu dans leurs corps. Il les avait caressés, léchés, il avait sucé les seins de Pavlina à n'en plus pouvoir, puis mordillé ceux de Tatiana, dont il avait tiré un autre plaisir, plus gai, plus léger.

Elles l'avaient serré contre leurs corps tendres et lui s'était abandonné à elles, perdu dans leurs bras, leurs cuisses et leurs sexes…

Plus tard, il sortirait s'acheter du papier à musique.

10 août

Le matin, elles avaient quitté l'appartement ensemble, en lançant des phrases qui allaient dans tous les sens : "Réunion syndicale", "Je dois faufiler les robes des choristes", des balivernes.

Il avait bien compris qu'elles voulaient le fuir.

Il était resté couché, à penser aux nuits du début, lorsqu'elles l'enveloppaient tout entier, qu'elles le caressaient partout, qu'il ne faisait qu'un avec elles, fondu en elles, qu'il rentrait en elles, dans leur sexe, dans leur bouche, dans leur anus, et il était heureux, si heureux, à embrasser l'une et l'autre, partout, jusqu'à ce que cela lui crée de petits vertiges.

Maintenant, elles le fuyaient.

116

10 août

Ils s'étaient retrouvés chez Remor.

— Dimanche, ne restez pas à la place du Cirque, fit Menahem.

Alexis le regarda, l'air intrigué.

— Après, tout rentrera dans l'ordre. Mais dimanche, ce sera difficile.

Il s'arrêta, sourit :

— Vous le savez bien.

Alexis détourna les yeux.

Menahem semblait gêné :

— Je ne sais comment vous demander cela… L'autre jour, lorsque vous êtes venu jouer… Je n'ai pas de mots pour vous dire ma reconnaissance…

Le regard d'Alexis se durcit :

— Et ?

— Dimanche, si vous vouliez bien jouer quelque chose à Mikaël… Un morceau de votre choix, bien sûr… Ce serait pour nous une joie infinie.

— Je ne peux pas, fit Alexis. Je dois composer.

Il s'arrêta, secoua la tête, et reprit :

— Je dois composer, vous comprenez. C'est important.

Le visage de Menahem s'illumina :

— Ce que vous me dites me remplit de joie.

Il y eut un silence.

— Vous voulez m'en dire un mot ? demanda Menahem.

— Ce sera un cycle majeur. Dix poèmes symphoniques de vingt-quatre mouvements chacun, composés selon une façon nouvelle. La structure, le jeu d'orchestre, le rapport au spectateur, tout sera original…

Menahem le regardait, les yeux brillants :

— Je suis sûr que votre travail illuminera la musique.

— Je le crois, fit Alexis. Je le crois sincèrement.

Ils se levèrent. Dehors, Menahem étreignit Alexis :

— Je suis impatient de vous revoir.

— J'ai un travail à accomplir, reprit Alexis. Dès qu'il sera terminé, je vous appellerai.

10 août

À peine rentré, il se rendit à la cuisine. Il fallait qu'il calme sa faim. Il ne trouva rien.

Il alla s'étendre sur le canapé du salon.

Les gens ne savaient qu'une chose, profiter de sa faiblesse… De sa gentillesse… Pavlina, Tatiana, sa mère, sa femme, Ted, Jeffrey, tous !

Le jour où il serait à nouveau au firmament, là…

Ils n'avaient qu'à attendre !

— Tu es là ?

C'était Pavlina.

— Enfin quelqu'un qui rentre à la maison ! lança Alexis.

— Tatiana n'est pas encore là ?

— Imagine-toi que si elle avait été là, je n'aurais pas dit ce que j'ai dit ! Je ne suis pas fou, contrairement à ce que vous croyez, toutes les deux !

Voilà à quoi il en était réduit ! À se faire exploiter par les deux grosses qui jouaient les âmes charitables sur son dos… Des Charlottes et rien d'autre, voilà ce qu'elles étaient !

— Toi et Tatiana, vous êtes des Charlottes et rien d'autre !

Pavlina fondit en larmes :

— Mais pourquoi ? Pourquoi ? Qu'est-ce que nous t'avons fait ?

— Est-ce qu'il y a quelqu'un ici qui pense à moi ?

Il était hors de lui. En plus, elle avait le toupet de lui poser la question. "Qu'est-ce que nous t'avons fait ?" Il fallait oser !

— Vous m'exploitez ! martela Alexis en détachant chaque syllabe. Vous vous servez de moi et tu oses me demander ce que vous m'avez fait !

10 août

— Si je comprends bien, fit Kleiner, vous souhaitez qu'il vienne se reposer ?

Assises face à Kleiner, Tatiana et Pavlina restèrent silencieuses, les yeux baissés.

— Le mieux, dans ces cas-là, reprit Kleiner, c'est de donner à son retour une allure naturelle... À moins qu'il n'y ait un danger immédiat, auquel cas je le fais interner tout de suite.

Il les regarda dans l'attente d'une réaction, les sourcils relevés.

— Je ne crois pas, fit Tatiana. Toi ?

Pavlina hésita avant de répondre :

— Non...

Elle s'interrompit, hésita, puis ajouta :

— Ma chute était un accident...

— Parlez-lui demain ou après-demain, poursuivit Kleiner. Dites-lui que vous êtes tous trois à bout. Qu'il vous faut souffler...

Il se leva :

— Tenez-moi au courant. S'il accepte de rentrer dans les jours qui suivent, je pense que le gros de l'orage sera passé.

10 août

— Un miracle ! s'exclama Menahem. Il voit la lumière !
Il secoua la tête, dans un geste d'incompréhension :
— J'ai de la peine à y croire... Tout ça, c'est la conséquence de sa visite ici...
Il regarda son fils sans bouger, sans dire un mot, durant de longues secondes, les yeux souriants :
— Et toi, mon Mikaël, qu'en dis-tu ?

10 août

À table, elles avaient mis Alexis au courant de leur visite à Kleiner.

— Nous avons peur, avait dit Tatiana. Pour toi et pour nous.

— Tu es à bout, avait ajouté Pavlina. Il faut que tu te reposes.

— Dans quelques semaines, tu seras en pleine forme… Tu reviendras… Nous t'aimons…

Pavlina avait quitté sa chaise et l'avait entouré de ses bras, par-derrière. Elle était restée ainsi, la joue collée à la sienne, durant une longue minute. Les yeux baissés, Tatiana avait répété :

— Nous t'aimons.

— C'est une question de quelques semaines, dit encore Pavlina.

— C'est toi qui décideras quand y aller, fit Tatiana. Toi seul !

La nuit, il avait voulu qu'elles le couvrent. Il avait légèrement relevé les jambes et elles s'étaient couchées sur lui toutes les deux, chacune à califourchon sur une cuisse, la tête dans le creux de son épaule. Il sentait à peine le sein gauche de Tatiana, mais le sein droit de Pavlina se pressait sur tout le côté de sa poitrine. Il remontait de temps en temps ses jambes, pour mieux les coller à leur sexe, à mi-hauteur des cuisses. Il avait le sentiment qu'elles l'enveloppaient, qu'il était en elles autant qu'il pouvait l'être, et que jamais il n'avait été autant aimé.

11 août

Vers midi, il s'installa à la table de la salle à manger et choisit *Warum tobst du, Sturm* et se mit à noter l'orchestration.

Vers deux heures, il en avait esquissé les grandes lignes.

Il composait à toute vitesse :
Dentelle dans le registre des altos et des violoncelles.
Attaque de la flûte.
Reprise du hautbois solo.
Passage aux violoncelles, tous, puis entrée de la voix.

Si do la ré si
Mi do la ré sol

À trois heures, il avait entièrement écrit la musique.
Il composa toute la journée et toute la nuit.

Au fil des heures, les notes lui venaient, de plus en plus vite. Elles étaient justes d'emblée, il le sentait. Sous son crayon, les lignes de chant s'enchaînaient de façon parfaite, fluides et fortes. Chacune était marquée par sa couleur, et du tout se dégageait une harmonie éclatante.

Au petit matin, il avait sur papier les attaques et la ligne de voix des dix premiers poèmes dans une architecture grandiose.

12 août

Pavlina rentra de son travail peu après midi et trouva Alexis à la salle à manger, attablé devant un café.

Il lui sourit.

— Tu es heureux ?

Il hocha la tête :

— Très.

— Tu vas composer quelque chose de magnifique, j'en suis certaine.

— Je crois, fit Alexis.

Elle l'embrassa sur les cheveux :

— Nous t'aimons infiniment. Tu le sais, n'est-ce pas ?

Il lui prit la main et l'embrassa.

— Je te laisse travailler, dit Pavlina.

Il composa durant toute l'après-midi et la soirée.

À onze heures, il avait achevé la structure de dix-huit poèmes.

Il en composa deux encore.

Peu après deux heures du matin, il alla rejoindre Tatiana et Pavlina. À son arrivée, elles se réveillèrent :

— Où en es-tu ? demanda Tatiana.

Il ne répondit pas et l'embrassa longuement.

— Nous sommes fières de toi, fit Tatiana.

Il embrassa Pavlina. Tatiana ôta sa chemise de nuit, embrassa Pavlina à son tour, et les deux femmes le couvrirent de leurs bras.

123

13 août

Vers midi, Alexis décida de sortir. La composition avançait à grands pas. Il avait envie de marcher, de respirer, de se détendre, comme il ne l'avait pas fait depuis des mois. Il fallait aussi qu'il achète du papier à musique.

Il avait le choix entre plusieurs magasins. Il se décida pour Musica Vox, situé au bas de la rue des Terreaux-du-Temple, en face de l'hôtel du Rhône.

Il prit le pont de la Coulouvrenière et descendit les escaliers qui menaient au quai Turrettini. Alors qu'il longeait l'hôtel, une voix l'interpella :

— Maestro !

Il s'arrêta et regarda en direction de la terrasse, où une demi-douzaine de tables étaient occupées. Un homme se leva, un rouquin très râblé :

— Maestro !

L'homme lui souriait. C'était Jack Masri, le chroniqueur musical du *Financial Times* :

— Je suis si heureux de vous voir !

Il avait l'air sincère.

Alexis restait silencieux. Masri reprit :

— Vous m'avez l'air d'être dans une forme magnifique !

— Ça va, répondit Alexis, les choses semblent s'arranger.

— J'en suis si content, reprit Jack.

Alexis ouvrit la bouche, hésita, et pour finir ne dit rien.

— Oui ? Vous vouliez ajouter quelque chose ?

— J'ai beaucoup pensé à vous, ces derniers jours.

— Ah bon ?

Masri se mit à rire :

— Et dans quel contexte ?

— Votre article après mon concert à l'Albert Hall. Celui où vous disiez : "Jamais une soirée aux Proms ne m'aura autant pétri d'émotion." Vous vous en souvenez ?

Masri hocha lentement la tête :

— C'était vrai…

— Le précipice, fit Alexis.

— Exactement. Le précipice… C'est lui qui rend les concerts inoubliables.

Il y eut un moment de silence :

— Vous savez pourquoi je suis à Genève ?

— Bien sûr… Le B16…

Masri resta pensif un court instant, puis lança sur un ton insistant :

— Faites-moi un immense plaisir. Déjeunez avec moi !

Alexis haussa les épaules.

— Cela fait huit mois que je n'ai pas déjeuné au restaurant. Je ne sais même pas si je suis capable de le faire sans me salir…

— À côté d'un ancien rugbyman, vous aurez toujours l'air d'être distingué !

Ils rirent. Le garçon vint prendre leur commande, et à nouveau le silence s'installa.

— Si j'ose demander, fit Jack, qu'est-ce qui vous a amené à cet article ?

Alexis baissa les yeux.

— D'accord ! reprit Masri. Parlons d'autre chose ! Je dois envoyer un papier chaque jour, histoire de justifier mes frais de déplacement. En marge de l'article que je dois consacrer au B16, la rédaction me demande d'ajouter un billet sur la vie à Genève. De quoi me conseillez-vous de parler ?

Alexis sourit :

— Du jet d'eau…

Ils échangèrent des banalités, gênés de ne pouvoir aborder le seul sujet qui les intéressait l'un et l'autre.

Le garçon les servit, Jack lança "Bon appétit !" et fut sur le point d'entamer son repas lorsqu'il constata qu'Alexis était immobile, figé devant son assiette, les yeux baissés.

— Vous n'avez pas faim ?

— C'est en lien avec ce sur quoi je travaille, fit Alexis, le regard soudain planté dans celui de Masri.

— Votre absence d'appétit ?

— Non. Votre article.

Alexis ne parla pas du choix des poèmes, ni de l'idée des vingt-quatre mouvements. Il ne mentionna pas non plus l'ampleur de son projet et les dix symphonies. Mais il expliqua avec ferveur la technique de composition qu'il suivait, par attaques tranchantes, la suppression du chef d'orchestre, et bien sûr l'idée centrale, celle de redonner aux musiciens une place de premier rang. De les faire jouer au bord du volcan.

Jack Masri l'écouta avec une attention extrême. Il ne toucha pas non plus à son repas, fasciné par l'idée qu'Alexis venait de lui exposer.

— Fantastique… reprit Masri.

Il réfléchit quelques instants :

— Bien sûr, le système ne se laissera pas faire, vous en êtes conscient…

— Dans peu de temps, j'aurai un poème symphonique complet, reprit Alexis.

Masri le comprenait ! Le plus grand chroniqueur du monde anglo-saxon le soutenait ! C'était une victoire ! La première...

Il ajouta :

— Une affaire de quelques semaines. Deux mois au plus...

Masri le regarda avec intensité :

— Et si je faisais de votre projet le sujet de mon billet ? Qu'en dites-vous ? Pour une fois, je pourrais inverser les poids, donner plus d'espace au billet qu'à l'article sur le B16...

Le cœur d'Alexis bondit. Un article de Masri... La perspective était inattendue... Presque miraculeuse... Les gens ne parleraient que de son projet... D'un coup, le B16 apparaîtrait comme un projet convenu, bon à ranger au rayon des accessoires...

— Oui ! fit Alexis. Bien sûr ! Allez-y !

124

13 août

— Le monde ne sera plus le même, fit Sacha.
— Plus jamais, renchérit Tatiana.

En début d'après-midi, Alexis lui avait raconté d'une voix tremblante la discussion qu'il venait d'avoir avec Masri. Elle s'était proposée d'inviter Sacha et Menahem à dîner, "pour marquer le jour", avait-elle dit à Alexis. C'était aussi pour lui donner des forces. Pour l'aider à affronter les deux jours à venir.

Alexis avait accepté. Lorsque Menahem et Sacha étaient arrivés, ils s'étaient assis tous les cinq au salon, et Alexis leur avait raconté sa rencontre avec Masri. Il avait ensuite exposé son projet musical, cette fois sans rien cacher de ses choix, avant d'esquisser au piano quelques airs des trois premiers poèmes. Il montra les partitions à Sacha.

— Je n'ai pas de mots, fit celui-ci après les avoir parcourues.

Menahem leva son verre :

— Moi, j'en ai un. *Lehaïm.* À la vie. Et aux instants merveilleux qu'elle nous réserve. Comme celui que nous vivons ce soir.

— À la vie, dirent les autres.

Lorsque tous posèrent leur verre, Menahem ajouta :

— Sans doute que jamais vous n'avez approché la musique de façon si intime…

— Comme les grands compositeurs, ajouta Sacha. Comme les plus grands.

— Connaître et aimer…, reprit Menahem. La Bible utilise un même mot.

Il sourit, posa les yeux sur ceux d'Alexis, et ce dernier sentit une chaleur l'envahir tout entier. Menahem le regardait de la même façon qu'il regardait le visage de son fils.

Peu avant dix heures, Menahem partit. Sacha fit de même très vite après et Alexis alla se coucher.

Les deux femmes rangèrent la table, firent la vaisselle, et trouvèrent Alexis au milieu du lit, déjà endormi. Elles se glissèrent à ses côtés, et ne se parlèrent pas, pour ne pas le réveiller.

Mais elles restèrent longtemps les yeux ouverts, incapables de trouver le sommeil, inquiètes, malgré les bonnes nouvelles.

125

14 août

Ils étaient assis à la table de la salle à manger.

Tatiana avait les traits défaits, Pavlina pleurait en silence et Alexis était figé, les yeux fixes sur la double page de journal étalée devant eux. En grosses lettres noires sur fond rose, on pouvait lire :

SEUL CONTRE TOUS

La veille, racontait l'article de Masri, sur une terrasse ensoleillée des bords du Rhône, le journaliste avait partagé un déjeuner fortuit avec l'une des grandes gloires passées du monde symphonique, celui-là même auquel beaucoup pensaient pour diriger le B16 avant que sa carrière ne connaisse une chute dramatique.

"Avoir été une célébrité et ne plus l'être est sans doute un statut douloureux", poursuivait Masri, "mais chercher à retourner sur le devant de la scène présente des risques."

L'article décrivait avec ironie "les idées nouvelles d'un homme plein de charme, mais aussi de candeur. L'approche que prône Kandilis – des compositions symphoniques aptes à être jouées sans chef d'orchestre – a sans doute un fond de substance. Mais elle dit surtout l'ampleur de son désarroi d'avoir ainsi gâché une carrière stratosphérique".

L'article concluait par ces mots : "Les idées de Kandilis mériteraient d'être étudiées dans les conservatoires de musique, en cours de composition. Mais pour un homme qui a contribué de façon éminente au système qui régit le monde symphonique, il semble avoir oublié la règle fondamentale de tout organisme vivant : se protéger des intrus."

— Un salaud, fit Tatiana.

Pavlina se moucha. Le téléphone sonna. Tatiana se leva et revint quelques instants plus tard :

— C'est Menahem. Il demande s'il peut venir te rendre visite.

Alexis fit lentement non de la tête.

— Il t'aime beaucoup, reprit Tatiana. Je suis sûre qu'une conversation avec lui te ferait du bien. Tu ne veux pas que je lui dise de venir ?

À nouveau, il fit non de la tête :

— Nous pourrions nous retrouver tous les cinq, comme hier soir... Malgré tout, il y a des choses positives, dans ce que dit Masri... Nous pourrions essayer de...

— Ce soir je compose.

Tatiana le regarda en silence durant quelques secondes. Puis elle murmura "Comme tu veux" et quitta la pièce.

— Nous t'aimons, lança Pavlina. Nous t'aimons infiniment.

Il hocha la tête :

— Il me reste quatre chants.

— Je te laisse, fit Pavlina.

Il alla chercher un bloc de papier à musique et composa jusque très tard dans la nuit.

14 août

Vers une heure du matin, Tatiana s'était levée :
— Tu viens dormir ?
Il ne répondit pas.
— Demain sera une journée difficile… Tu devrais te reposer…
Elle le regardait avec intensité, l'air craintif. Il continua de ne pas répondre.
Pavlina s'était aussi levée. Elle avait les yeux sur lui.
— Je dois composer.
— On te laisse travailler, ajouta Pavlina.
— Quand même, ne tarde pas trop, dit Tatiana.

14 août

— C'était à prévoir, dit Ted.
Sonia secoua la tête :
— Tu es injuste. Autant que l'est Masri.
Elle s'essuya les yeux :
— Cette idée de mettre les musiciens au bord du précipice…
— C'est génial, admit Ted.
Il s'arrêta quelques instants avant d'ajouter :
— Génial et insupportable. Comme Alexis.

15 août

Il se réveilla vers neuf heures trente, très fatigué.
Pavlina l'embrassa sur la joue :
— Tu es content ?
— Oui, fit Alexis.
Pavlina lui sourit :
— Je le savais. Depuis le début.
Elle le serra contre elle.

129

15 août

— Cesse de regarder ! chuchota Tatiana à l'oreille d'Alexis. Tu te fais du mal !

Cela faisait une heure qu'il était à la fenêtre. Il allait y avoir du va-et-vient sur la place, avant le concert, alors il restait là, debout, collé à la vitre.

Tatiana retourna aider Pavlina à faire le lit.

— À partir de demain, cette histoire va désenfler, fit Pavlina à voix basse.

Tatiana aplatit les édredons de la main et ne répondit pas. Quelques jours plus tôt, Pavlina avait la moitié du visage bleu…

— On aurait pu essayer encore une semaine, reprit Pavlina. Maintenant qu'il compose…

— C'est fait ! trancha Tatiana.

Elle secoua la tête.

— Et puis c'est mieux ainsi.

Il fallait tenir, s'occuper, attendre que la journée se passe. Alors elles avaient décidé de cuisiner.

*

Menahem entrouvrit la porte de la chambre, guetta le bruit du respirateur, et s'approcha de son fils. Il

l'embrassa sur le front, puis sur les cheveux et posa la pile de journaux qu'il tenait en main sur la table basse :
— Ce sera un jour difficile, mon Mikaël.

*

D'un coup, la terrasse de chez Remor était dans l'agitation. Une dizaine d'hommes, tous en complets sombres, entouraient quatre tables qu'on avait rapprochées.

Alexis regarda sa montre.

Les garçons d'orchestre devaient être en train de placer les partitions sur les lutrins. Les musiciens arrivaient sans doute par le haut du quartier, où le parking était plus aisé. Les choristes seraient déposés par bus à l'entrée des artistes, rue Hornung. Le chef et les solistes viendraient en limousine. De sa fenêtre, il ne les verrait pas. Il les imagina qui arrivaient à l'entrée des artistes, sourire aux lèvres, et les détesta tous.

*

Clio posa les jambes sur la table basse du salon et soupira.

Les dernières semaines avaient été atroces. Alexis ne prenait plus ses appels. Elle en était réduite à devoir lire la presse pour savoir ce que son fils endurait, ou à parler avec cette bonniche de Pavlina. Parce que l'autre bonne femme ne lui parlait pas non plus ! Dès qu'elle prenait le téléphone, c'était "Je vous passe Pavlina".

Heureusement, dans quelques heures, l'enfer serait terminé.

Un enfer après l'autre. Voilà ce qu'avait été sa vie.

Elle habiterait avec sa sœur, et son fils n'aurait qu'à se débrouiller. Elle s'était assez sacrifiée pour lui. Un imbécile qui va se flanquer au milieu de deux grosses lesbiennes...

Elle lâcha un juron grec et alluma la télévision.

*

— Il a bien caché son jeu, le salopard ! fit Anne-Catherine.

Elles étaient assises côte à côte sur l'un des divans de la bibliothèque, chez Charlotte.

— Nous aurons tout subi !

Charlotte ne répondit pas. Elle avait les yeux rouges.

— Un vrai salopard ! reprit Anne-Catherine.

Charlotte se souvint du bonheur qu'elle avait éprouvé une vingtaine d'années plus tôt devant la jalousie des cousins, à la banque, lorsqu'elle avait annoncé : "Et vous savez à côté de qui j'étais assise ? Do-min-go ! Eh oui ! Plácido Domingo !" D'un coup, c'était elle qui fréquentait le grand monde... Le vrai grand monde... Pas leur petit monde de pacotille qu'ils prenaient pour la cour d'Angleterre.

Maintenant, lorsqu'ils parlaient d'elle, c'était "la pauvre Charlotte"... Ils ajoutaient sans doute en souriant : "On peut dire qu'elle n'a pas eu de chance."

— Merci, monsieur le métèque ! lança Anne-Catherine.

Elle se tourna vers sa fille et la dévisagea sans gentillesse. Une crétine. Et tout cela parce que ce salaud savait gigoter, une baguette à la main...

*

Chez Remor, les tables étaient toutes occupées. Ted. Wassermann. Sonia. Jeffrey. Anne. Ils étaient là, qui riaient à gorge déployée. Alexis les scruta du regard, un par un.

Il vit soudain un photographe, puis deux... puis quatre... puis six ! Les gardes du corps laissaient faire. Les garçons apportaient des cafés par plateaux entiers et les gens de la place se retournaient.

Tout le monde souriait.

Alexis aurait voulu les voir morts. Tous. Crevés comme des rats. La bouche ouverte et les yeux révulsés.

*

Plusieurs chaînes avaient commencé à transmettre des images du Victoria Hall.

Sacha choisit Kultura, le canal russe. "Le concert du siècle...", dit le commentateur. "D'immenses solistes ont accepté de faire partie de l'orchestre..."

Il coupa le son.

*

Menahem se leva, s'approcha du récepteur et le brancha sur Radio Classique :

— On écoute, mon trésor ?

Il caressa les cheveux de son fils et retourna s'asseoir.

*

"Tous les grands chefs vivants auraient rêvé de recevoir un tel mandat", fit le commentateur.

Kleiner éteignit le poste, lança la télécommande sur le canapé, et quitta la pièce.

Cette histoire de grand chef, il en avait plus qu'assez.

*

À onze heures exactement, il ferma les yeux.
Entrée des violoncelles.

Sa dernière *Neuvième* défila comme l'éclair. Le sabotage du premier violon solo, à la première répétition. Le rat mort, posé sur la coiffeuse… Les articles du *Financial Times*… L'attaque de panique avant le concert… Le raté dans l'entrée des violoncelles… Le décalage des chœurs…
C'étaient des salauds… Du premier au dernier… De vrais salauds…
Ils avaient eu sa peau.

*

Adagio molto e cantabile.

L'orchestre attaquait le troisième mouvement.
Sacha avait honte.

> *Ta ra ram*
> *Ta ra ram*
> *Ta rari rararam…*

Il éclata en sanglots.
Il ne pourrait jamais survivre à ça, maestro Kandilis. Il allait mourir.
C'était comme s'il était déjà mort.

*

— Le quatrième mouvement, mon Mikaël… L'"Ode à la joie"…

Menahem quitta son fauteuil, s'approcha de son fils et lui caressa les cheveux :

— Écoute.

Il sourit et glissa son index sous la main gauche de son fils.

*

Adagio molto e cantabile.

Ta ra ram
Ta ra ram

C'était le mouvement qu'Alexis aimait le plus.

Il le suivit note par note. Il se souvint de chaque mesure, de chaque tempo, pour chaque pupitre. Descentes rythmées… Phrases scandées… Suites de croches doublées…

Mais il n'était plus chef d'orchestre. Debout au bord du volcan, il regardait l'orchestre et le laissait jouer. Il vivait la *Neuvième* de l'intérieur, avec une intensité inouïe. Comme il ne l'avait jamais vécue. Il était chaque pupitre, chaque violoniste, chaque flûte, chaque cor… Il était la musique.

Il fit une pause, comme il faisait une pause entre deux mouvements, tête baissée, les yeux au sol, les mains nouées au niveau du bas-ventre. Un instant d'approfondissement, avant le *presto* du quatrième mouvement, grand accord dissonant, et le tempo qui passe brusquement de 60 à 96… Des changements incessants de mesure, de tempo, de tonalité… *Presto – Allegro assai – Allegro vivace – Andante maestoso*… Et ainsi de suite presque au *prestissimo*, sur un tempo infernal de 132…

Mais ce bruit ?

C'étaient des rires ! Des éclats de rire ! Lui était à l'agonie et les deux grosses riaient !

Il se précipita à la cuisine. Penchées en avant, Tatiana et Pavlina se tenaient par les mains, à la recherche de leur souffle. L'arrivée d'Alexis ne les calma pas.

— Si tu avais vu… fit Tatiana.

Elle fut incapable de terminer sa phrase.

— L'huile… réussit à balbutier Pavlina.

Sur le plan de travail, il vit un plat contenant de petits poissons couverts d'huile à ras bord.

— Le bouchon… Pffft ! reprit Tatiana entre deux cascades de rire.

— C'est nerveux… fit Pavlina. Pardon…

Elles continuaient. Il était dans le désarroi absolu, le monde entier le narguait, mais elles riaient comme des folles.

Il saisit le plat et le lança de toutes ses forces sur les armoires situées au-dessus de l'évier. D'un coup toute la cuisine fut souillée d'huile.

Avec rage, Alexis balaya du bras ce qui se trouvait sur le plan de travail et le jeta à terre.

— Non ! hurla Pavlina. S'il te plaît !

— Je t'en supplie ! implora Tatiana.

— Tu es devenu fou ! cria Tatiana. Complètement fou !

Les traits tendus par la haine, il ouvrait les armoires et les vidait de tout ce qu'elles contenaient. Verres, assiettes, tasses, tout volait à travers la cuisine et se brisait au sol.

Réfugiée contre la porte-fenêtre, Tatiana tremblait, une main devant la bouche.

Au même moment, il entendit la voix de Pavlina :
— Venez vite ! Je vous en supplie !
Il l'entendit s'enfermer dans la chambre à coucher. Il ouvrit l'un des tiroirs et se saisit du couteau à pain.
—- Non ! hurla Tatiana.
Il lui porta un coup au ventre ! La lame s'enfonça tout entière.
Elle le regarda, les yeux hagards.
Il resta ainsi quelques secondes, la main sur le manche. Tatiana s'écroula.
— Mon Dieu ! hurla Pavlina. Mon Dieu !
Elle était à la porte de la cuisine :
— Tu l'as tuée ! Tu as tué Tatiana !
Il se pencha sur le corps de Tatiana et retira la lame.
— Mais pourquoi ! cria Pavlina. Elle t'aimait tant !
Il se précipita sur elle et lui planta le couteau dans le ventre.
Elle se dit qu'elle ne reverrait jamais sa fille et se laissa mourir.

*

La voix du ténor retentit, aiguë et tranchante :

O Freunde, nicht diese Töne !

Mes amis, cessons nos plaintes !

Sondern lasst uns angenehmere
anstimmen und freudenvollere
Freude !

Qu'un cri joyeux élève aux cieux
nos chants de fêtes et nos accords pieux
Joie !

L'orchestre et les chœurs reprirent en puissance :

> Freude, schöner Götterfunken
> Tochter aus Elysium

> *Joie, belle étincelle des dieux*
> *Fille de l'Elysée*

Le public accueillait chaque note avec dévotion.

> Wir betreten, feuertrunken
> Himmlische, dein Heiligtum !

> *Nous entrons, l'âme enivrée*
> *Dans ton temple glorieux !*

*

Maestro Kandilis l'aurait dirigé autrement, se dit Sacha. Moins en puissance… Plus en transparence… L'attaque des cuivres sur le *la* bémol aurait été plus douce.

*

— Écoute ce qu'ils chantent, mon enfant.
Il se mit à chantonner avec le chœur :

> Laufet, Brüder, eure Bahn,
> Freudig, wie ein Held zum Siegen

> *Courez, frères, sur votre chemin*
> *Joyeux, tel un héros vers la victoire*

Il s'interrompit, lui sourit et chuchota, l'index toujours sous sa main :

— Et toi mon Mikaël, courras-tu un jour comme un héros vers la victoire ? Courras-tu ?

*

Cher Maestro,

Sacha s'arrêta, les yeux sur la feuille, et resta ainsi de longues minutes, à s'interroger.
Il aurait voulu lui dire mille choses.
Mais c'était trop tard.
Il détacha la feuille de son bloc, en fit une boule et la jeta dans la corbeille à papier.

*

Tout ce qu'elles voulaient, c'était le renvoyer à la clinique. Le jeter dehors, se mettre l'une sur l'autre à l'envers et jouir entre elles… Elles étaient impatientes de le voir déguerpir, voilà tout ! Elles en riaient déjà comme des folles ! Elles et leurs sales langues qu'elles se mettaient l'une dans l'autre… Elles étaient avec les autres, à lui rire au nez…

Il repéra le couteau à pain près du corps de Pavlina et s'en saisit. Puis il introduisit ses doigts dans sa bouche, l'ouvrit en force, extirpa sa langue et en sectionna un morceau long d'environ trois centimètres qu'il alla déposer sur le bas-ventre de Tatiana. Puis il lui ouvrit la bouche à son tour, coupa un morceau de langue et alla le glisser sous la jupe de Pavlina, entre ses cuisses.

*

La sixième strophe... Celle de la beauté et de l'espérance.

> Ahnest du den Schöpfer, Welt ?
> Such' ihn über'm Sternenzelt !
> Über Sternen muss er wohnen

> *Pressens-tu le Créateur, Monde ?*
> *Cherche-le au-dessus des étoiles !*
> *Au-dessus des étoiles il doit habiter*

La musique emplissait la salle, et les spectateurs se laissaient traverser par elle. Ils s'ouvraient à elle comme une fleur épanouit sa corolle, pour que la musique les pénètre et les féconde de sa beauté et de son espérance. Soudain, tout leur semblait possible. Le bonheur était là, prêt à être cueilli.

*

Il était fatigué. Trop fatigué. Trop triste, aussi. Tellement triste.

Alors il ouvrit la fenêtre et se jeta dans le vide.

Plusieurs scènes de sa vie défilèrent devant lui en un éclair.

La visite de Lenny.

Les après-midi, à l'Institut, lorsqu'il était certain que personne ne le verrait, il montait à l'étage des dortoirs, ouvrait son armoire et retirait de la liasse un petit carton imprimé. Il le contemplait longuement et chuchotait :

> *Alexis*
> *Prince de Kandilistan*

Sa dernière pensée fut pour l'attaque du hautbois, dans le premier chant des *Kindertotenlieder* :

> *Do ré sol la*
> *Si do fa*

À l'instant précis où il écouta le *fa*, son corps s'écrasa sur la marquise de béton et il mourut.

*

Le chœur chantait les dernières paroles :

> Diesen Kuss der ganzen Welt !

> *Qu'un seul baiser enlace l'univers !*

— Qu'un seul baiser enlace l'univers, répéta Menahem. Ton baiser, mon enfant… Ton baiser.
Il crut défaillir. C'était bien une pression qu'il avait ressentie sur son index ! Une vraie pression, d'une main qui lui avait serré un doigt !
— Mon Mikaël ! s'écria Menahem, les yeux d'un coup pleins de larmes. Encore !
À nouveau, la main pressa son index.
Menahem regarda le visage de son fils. Il était impassible.
— Encore ! s'écria Menahem, je t'en supplie ! Deux fois ! Serre-moi deux fois !
C'était une double pression ! Il en était sûr !
— Trois fois ! s'écria Menahem. Serre trois fois !

*

Le public applaudissait aussi fort qu'il pouvait.
Ted serra la main de Sonia.
Elle pleurait :
— As-tu jamais vécu une telle émotion ?
— Jamais, fit Ted. Pas une seule fois.
Lui aussi avait les larmes aux yeux.

Les spectateurs hurlaient leur joie. La musique les avait transformés, embellis. Maintenant ils étaient plus forts. Prêts à partager. Prêts à aimer la terre entière. À consoler, à pardonner... Ils cherchaient les regards de leurs voisins et leur souriaient, dans l'impatience de recevoir un sourire en retour. Maintenant ils étaient tous d'accord, sur tout : la musique, le concert, l'état du monde, tout.

Et il s'élevait à cet instant de la salle un extraordinaire bonheur de vivre.

Ouvrage réalisé
par l'Atelier graphique Actes Sud.
Achevé d'imprimer
en juin 2012
par Normandie Roto Impression s.a.s.
61250 Lonrai
sur papier fabriqué à partir de bois provenant
de forêts gérées durablement (www.fsc.org)
pour le compte
des éditions Actes Sud
Le Méjan
Place Nina-Berberova
13200 Arles.

Dépôt légal
1ʳᵉ édition : août 2012

N° impr. : 122222
(Imprimé en France)